中国环境规划政策绿皮书

U0821918

中国环境税收政策发展报告（2018）

Progress Report on Environmental Tax Policy in China（2018）

葛察忠　龙　凤　董战峰　等 编著

中国环境出版集团·北京

图书在版编目（CIP）数据

中国环境税收政策发展报告. 2018/葛察忠，龙凤，董战峰等编著. —北京：中国环境出版集团，2019.5
（中国环境规划政策绿皮书）
ISBN 978-7-5111-3990-0

Ⅰ. ①中… Ⅱ. ①葛…②龙…③董… Ⅲ. ①环境税—税收政策—研究报告—中国—2018 Ⅳ. ①F812.422

中国版本图书馆 CIP 数据核字（2019）第 093993 号

出 版 人 武德凯
责任编辑 葛 莉
责任校对 任 丽
封面设计 彭 杉

出版发行 中国环境出版集团
（100062 北京市东城区广渠门内大街 16 号）
网 址：http://www.cesp.com.cn
电子邮箱：bjgl@cesp.com.cn
联系电话：010-67112765（编辑管理部）
发行热线：010-67125803，010-67113405（传真）
印 刷 北京中科印刷有限公司
经 销 各地新华书店
版 次 2019 年 5 月第 1 版
印 次 2019 年 5 月第 1 次印刷
开 本 787×1092 1/16
印 张 8.5
字 数 80 千字
定 价 58.00 元

《中国环境规划政策绿皮书》
编委会

《中国环境税收政策发展报告（2018）》编委会

执行摘要

排污费是我国实施最早的一项环境经济手段，通过收费促使企业加强环境治理、减少污染排放，并筹集环保资金，对环境保护事业发展发挥了重要作用。但是在实际执行过程中存在一些问题，如执法刚性不足、地方政府和部门干预、协商收费等。环境保护税（以下简称环保税）以排污费为基础改革而来，是我国环境污染治理以及环境保护工作多手段并举的需要，是落实党中央、国务院决策部署的重要举措。自 2007 年在《国务院关于印发节能减排综合性工作方案的通知》（国发〔2007〕15 号）中提出研究开征环境税之后，我国陆续发布多项法规和政策文件提出积极推进环境税费改革。2016 年 12 月第十二届人大常委会第二十五次会议审议通过《环境保护税法》，2017 年 12 月国务院发布《环境保护税法实施条例》，环保税于 2018 年 1 月 1 日起正式开征。

环保税是我国首个具有明确环境保护目标的独立型环境税税种，旨在利用经济手段调节企业污染排放行为，促进企业减少污染物排放，对于理顺地区间、产业间、政府与市场间的各种经济关系具有长效作用。实行排污费改税，是我国环境税收方案的重要组成部分，是弥补排污环节税收调控手段缺失、完善税收绿色化链条的关键环节。排污费改税一方面可以通过税收的刚性来更充分地发挥政策的调节功能，另一方面加强经济手段在促进企业污染减排和转型升级方面的激励作用，用更小的行政管理成本实现更大的环境效益。

环保税实施已满一年，总体来看实施较为顺利，但在实施过程也出现了一些问题。为了更深入地评估环保税开征首年的成效、问题和未来趋势，《中国环境税收政策发展报告（2018）》将本年度主题定位为环保税实施评估，由生态环境部环境规划院环境保护税研究中心（以下简称“中心”）牵头编制。中心多年来一直积极配合生态环境部和有关部委开展环境税费研究和决策的技术支撑工作。中心将联合有关单位继续深化环境税费政策研究，持续编撰中国环境税收政策绿皮书，不断完善报告分析方法、丰富报告内容、增进报告深度，希望每年通过该绿皮书系统展示我国环境税收政策实施的最新进展，促进各方分享交流，助推我国环境税收政策改革与创新。

Executive Summary

Pollutant discharge fee is one of the earliest environmental economic means implemented in China. By charging fees, enterprises are encouraged to strengthen environmental governance, reduce pollution emissions, and raise funds for environmental protection, which plays an important role in the development of environmental protection. However, there are some problems in the actual implementation process, such as insufficient rigid law enforcement, intervention by local governments and departments, and negotiation of fees. The environmental protection tax is the basic reform of the pollutant discharge fee, which is the need of the environmental pollution control and the multi-means of environmental protection, which is an important measure to implement the decision deployment of the CPC Central Committee and the State Council. Since 2007, the State Council has issued "Notice of the state council on the issuance of comprehensive work plan for energy conservation and emission reduction" proposing to study the introduction of environmental taxes, a number of regulations and policy documents have been issued to actively promote the reform of environmental taxes and fees. The Environmental Protection Tax Law was adopted at the 25th meeting of the 12th NPC Standing Committee in December 2016. In December 2017, the State Council issued the Regulations on the Implementation of the Environmental Protection Tax Law and the environmental protection tax is officially levied on Jan 1, 2018.

Environmental protection tax is the first independent environmental tax with clear environmental protection objectives in China. It aims to regulate enterprises' pollution emission behavior by economic means and promote enterprises to reduce pollutant emissions. It plays a long-term role in straightening out various economic relations among regions, industries, governments and markets. The implementation of pollutant discharge fee reform is an important part of China's environmental tax plan and the key link to make up for the lack of tax regulation and control means in pollution discharge and improve the green tax chain to change the pollutant discharge fee into tax. On the one hand, the adjustment function of the policy can be brought into full play through the rigidity of taxation; on the other hand, the incentive effect of economic means in promoting enterprises' pollution reduction and transformation and upgrading can be strengthened to achieve greater environmental benefits with smaller administrative costs.

The implementation of the environmental protection tax has been completed for one year. Generally speaking, the implementation is relatively smooth, but there are some problems in the implementation process. In order to further evaluate the effects, problems and future trends of environmental protection tax in the first year, the Green Book on Environmental Tax Policy In China 2018 sets the theme of this year as the implementation assessment of environmental protection tax.

The Progress Report on Environmental Tax Policy in China 2018 was led by the Center for Environmental Tax of Chinese Academy of Environmental Planning (hereinafter referred to as the Center). The Center has been actively cooperating with the Ministry of Ecological Environment and relevant ministries to carry out the technical support work for the research and decision-making of environmental taxes and fees for many years. The Center will continue to deepen environmental tax and fees research, compile the Progress Report on Environmental Tax Policy in China, perfect report analysis, rich content, promote the depth of the report, hope every year the book can systematically show the latest progress of China's environmental tax policy implementation, promote the sharing and exchange among all parties, and boost the reform and innovation of China's environmental tax policy.

目录

目录

目录

目录

1

排污费改税平稳过渡

环境保护税于 2018 年 1 月 1 日起实施，是我国首个具有明确环境保护目标的独立型环境税税种。《环境保护税法》也是我国确立“税收法定”原则后的第一部专门针对环保领域的单行税法。目前，环境保护税开征已经一年有余，总体来看实施较为顺利，但在实施过程中也出现了一些地方对税收标准制定工作重视不够、征管协同不到位等问题。对环境保护税的实施情况进行回顾性分析将有助于发现其实施过程中存在的问题，及时予以改进，保障环境保护税征收管理工作顺利进行。

1.1 环境保护税法出台背景

排污收费制度是我国实施最早的环境经济政策。我国于20世纪70年代末开始实施排污收费制度。1978年《环境保护工作汇报要点》中首次提出向排污单位实行排放污染物的收费制度。1979年《环境保护法（试行）》明确规定“超过国家规定的标准排放污染物，要按照排放污染物的数量和浓度，根据规定收取排污费”，为在我国建立排污收费制度提供了法律依据。至1981年年底，全国有27个省、自治区、直辖市逐步开展了排污收费的试点工作。1982年2月国务院发布《征收排污费暂行办法》，对征收排污费的目的、对象、收费标准、排污费管理、排污费使用等内容做出了详细的规定，标志着排污收费制度在我国正式建立。1984年《水污染防治法》规定在征收超标排污费的同时开征污水排污费。1989年修订后的《环境保护法》第二十八条规定：“排放污染物超过国家或者地方规定的污染物排放标准的企、事业单位，依照国家规定缴纳超标准排污费，并负责治理。”

排污收费制度在实施中多次改革，以满足环境管理的需要。2003年，国务院颁布《排污费征收使用管理条例》（以下简称《条例》）。《条例》在征收对象、收费标准、管理使用等方面较之前均发生了重大变化，明确规定按污染物排放总量和污染物排放标准相结合的方式征收排污费，同时《排污费征收标准管理办法》《排污费资金收缴使用管理办法》等配套规章相继出台，全面系统地确立了我国市场经济条件下的排污收费制度，是排污收费制度改革的重大突破和里程碑。改革实现了由超标收费向排污收费和超标加倍收费、由单一浓度收费向浓度与总量相结合收费、由单因子收费向多因子收费的转变；对排污费的征收、使用和管理严格实行收支两条线，征收的排污费一律上缴财政，列入环境保护专项资金全部用于污染治理。2014 年 9 月 1 日，国家发展和改革委员会、财政部和环境保护部联合发布《关于调整排污费征收标准等有关问题的通知》，这是自 2003 年《条例》实施之来，国家层面首次提高排污费征收标准。

随着环境保护工作的深入，党和国家领导人治理污染的决心日益增强，党的十八大以来，以习近平同志为核心的党中央把生态文明建设作为统筹推进“五位一体”总体布局和协调推进“四个全面”战略布局的重要内容，开展了一系列根本性、开创性、长远性工作，推动生态环境保护发生历史性、转折性、全局性变化。生态文明建设需要综合运用多种手段，包括法律手段和经济手段，促进企业节能减排和产业结构调整。排污收费制度作为一种行政性收费制度，存在刚性不足等先天缺陷，党中央对建立环境保护税制度建设高度重视，将环境保护税作为生态文明建设的一项重要财税制度。在 2007 年《国务院关于印发节能减排综合性工作方案的通知》（国发〔2007〕15 号）提出研究开征环境保护税以后，多项规定陆续发布。2011 年 10 月国务院印发《关于加强环境保护重点工作的意见》（国发〔2011〕35 号）提出“积极推进环境税费改革，研究开征环境保护税”。十八届三中全会明确提出将推动环境保护税费改革作为税制改革的重点任务之一。2015 年 1 月 1 日起实施的新《环境保护法》明确提出“依照法律规定征收环境保护税的，不再征收排污费”，预示着我国实施环境保护税将成为必然趋势。中共中央、国务院印发《关于加快推进生态文明建设的意见》提出“要完善经济政策，健全价格、财税、金融等政策，激励、引导各类主体积极投身生态文明建设”，推动了环境保护费改税。《生态文明体制改革总体方案》提出要构建更多运用经济杠杆进行环境治理和生态保护的市场体系，加快资源环境税费改革，加快推进环境保护税立法。

2007 年 6 月，财政部、国家税务总局和国家环境保护总局成立联合工作小组，组建专家团队，启动我国开征环境保护税的研究工作。2016 年 12 月 25 日第十二届全国人大常委会第二十五次会议审议通过《中华人民共和国环境保护税法》，自 2018 年 1 月 1 日起施行。2017 年 12 月 25 日国务院发布《环境保护税法实施条例》（国务院令　第 693 号），对环境保护税法的具体实施作了细化解释和规定。环境保护税是我国首个明确以环境保护为目标的独立型环境税税种，对于构建绿色财税体制、调节排污者污染治理行为、建立绿色生产和消费体系等具有重要意义。税法和实施条例制定过程中充分贯彻落实“税收法定”原则，广泛听取各方意见，凝聚社会共识，积极推进科学立法、民主立法、依法立法。

1.2　政策支持准备

为便于环境保护税法的实施，除了税法和条例外，国家和地方密集出台了一系列规章、政策和解释。根据网络搜索统计分析，国家和地方出台的一些具体政策，进一步细化和落实环境保护税的实施。

除了《环境保护税法》和《环境保护税法实施条例》外，国家层面的政策文件还包括财政部　税务总局　环境保护部《关于全面做好环境保护税法实施准备工作的通知》（财税〔2017〕62 号）、国务院《关于环境保护税收入归属问题的通知》（国发〔2017〕56 号）、环境保护部《关于发布计算污染物排放量的排污系数和物料衡算方法

表 1-1 国家层面发布的环境保护税相关法规文件

发布时间	名称	文号
2016.12.25	环境保护税法	人大常委会通过
2017.7.21	财政部、税务总局、环境保护部关于全面做好环境保护税法实施准备工作的通知	财税〔2017〕62 号
2017.12.22	国务院关于环境保护税收入归属问题的通知	国发〔2017〕56 号
2017.12.25	环境保护税法实施条例	国务院令第 693 号
2017.12.27	环境保护部关于发布计算污染物排放量的排污系数和物料衡算方法的公告	环境保护部公告 2017 年第 81 号
2018.1.7	关于停征排污费等行政事业性收费有关事项的通知	财税〔2018〕4 号
2018.1.27	国家税务总局关于发布《环境保护税纳税申报表》的公告	国家税务总局公告 2018 年第 7 号
2018.3.30	财政部 税务总局 生态环境部关于环境保护税有关问题的通知	财税〔2018〕23 号
2018.5.15	《工业固体废物资源综合利用评价管理暂行办法》和《国家工业固体废物资源综合利用产品目录》	工业和信息部公告 2018 年第 26 号
2018.10.25	财政部 税务总局 生态环境部关于明确环境保护税应税污染物适用等有关问题的通知	财税〔2018〕117 号

的公告》（环境保护部公告 2017 年第 81 号）、《关于停征排污费等行政事业性收费有关事项的通知》（财税〔2018〕4 号）、国家税务总局《关于发布〈环境保护税纳税申报表〉的公告》（国家税务总局公告 2018 年第 7 号）和财政部 税务总局 生态环境部《关于环境保护税有关问题的通知》（财税〔2018〕23 号）等规定。

此外，地方层面也出台了配合环境保护税实施的政策。部分省份发布了地方抽样测算方法，如四川省第三产业等小型排污者和施工扬尘抽样监测方法（有效期 5 年），广东省小型第三产业和施工扬尘等部分行业抽样测算方法（有效期 5 年），湖北省小型第三产业、畜禽养殖业、小型屠宰加工业等小型企业和非金属露天矿采选、堆（料）场无组织粉尘测算方法，天津市医院、畜禽养殖业、小型企业、第三产业和施工扬尘测算方法，山东省小型企业和饮食娱乐服务业、部分小型第三产业、畜禽养殖业、医院测算方法等。

1.3 技术支持准备

（1）征管平台和软件开发

环境保护税征管软件很好地纳入了金税系统，和现有的金税工程进行整合。企业可以通过其纳税申报系统找到环境保护税的申报和解缴，这样便于企业进行环境保护税的申报、缴纳和跟踪，也便于税务部门进行管理。

（2）环境保护税申报基础数据录入

在正式开征环境保护税之前，国家税务总局组织开展了环境保护税征收基础数据调查和基本录入工作，对潜在的环境保护税征收对象进行摸底，了解其排放情况，包括排放口数量、污染物种类和排放量等。这些数据不仅有助于税务部门了解应税企业的污染物排放情况，而且也为后来征收环境保护税提供了参考。

（3）物料衡算公式和系数的确定

环保部门根据排污收费物料核算公式和系数，结合环境保护税的特点，发布了物料衡算公式和系数。尽管这些系数在执行过程中还存在一些问题，但是总体来说它们对于解决环境保护税征收过程中的征税计量还是很有帮助的。目前有关部门正在完善这些衡算方法、公式和系数，以便能更好地反映排污单位的排污情况。

1.4 开展培训工作

（1）税务和环保部门开展的培训

环境保护税计税依据和征管都比较复杂，很多地方税务人员以及纳税人普遍缺乏相关的环境科学专业知识，针对这种情况，税务和保护部门积极开展了环境保护税的相关宣传和培训，使税务征管人员和纳税企业更好地了解了环境保护税的征管规定。同时，也借助网络平台开展了在线解疑答问活动。

（2）行业协会和咨询机构组织的培训

行业协会组织协会所属的企业，重点针对本行业实施环境保护税可能面临的问题进行专家解读。据初步了解，无机盐、涂料、染料、饮料、磷肥等行业协会都在行业协会年会等平台上介绍了环境保护税法的解读等。生态环境部环境影响评估中心等咨询机构也组织了企业培训，帮助企业更好地理解环境保护税的征管政策。

通过这些有针对性的培训，发现部分企业相关人员对环境保护税还是比较了解的。这点从我们在第一个征税周期结束后在有些行业协会年会上做的环境保护税问卷调查情况可以看出。为了更好地了解环境保护税的实施情况，对无机盐和涂料行业，磷与磷复肥工业协会，饮料行业，钨铜、有色行业和染料行业进行了环境保护税管理调查，共发放 217 份问卷，回收有效问卷 190 份。依据这些问卷，重点考察了不同行业对环境保护税的看法是否存在差异和不同时间段受访对象对环境保护税征管的看法是否存在差异（图 1-1）。

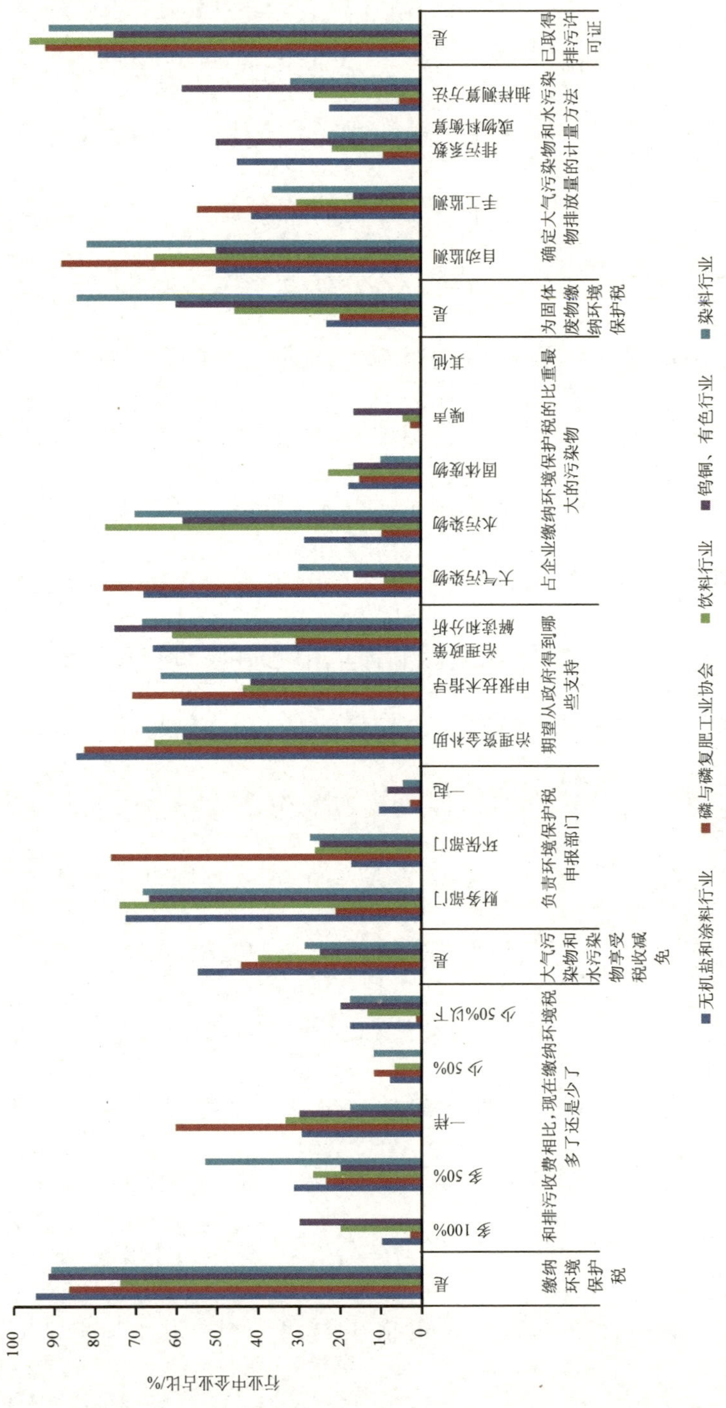

图 1-1 部分行业环境保护税申报缴纳情况调查

5 个行业中，大部分行业缴纳环境保护税的企业比例达到了 90%左右，仅饮料行业缴纳环境保护税的企业比例较低，为 73.91%。与排污费相比，各行业中多数企业缴纳的环境保护税都保持不变或增加。磷与磷复肥协会缴纳的环境保护税与排污费持平的企业比例最高，为60.29%；环境保护税比排污费多 50%的企业则主要集中在染料行业。

5 个行业中在大气污染物和水污染物方面享受税收减免的企业比例较高的仅有无机盐和涂料行业，占 54.72%；其余 4 个行业享受税收减免的企业比例均比较低，其中钨铜、有色行业的企业占比最低，仅占 25%。大部分行业中的企业均由财务部门负责申报环境保护税，磷与磷复肥协会中由环保部门负责申报环境保护税的企业占比较高，为 76.06%。

大部分行业中的企业确定大气污染物和水污染物排放量的计量方法主要以自动监测、手工监测为主，钨铜、有色行业则主要使用抽样测算方法、排污系数或物料衡算和自动监测。各行业缴纳环境保护税比重最大的污染物以大气污染物和水污染物为主。其中大气污染物比重最大的行业有无机盐和涂料行业以及磷与磷复肥协会，水污染物比重最大的行业有饮料行业，钨铜、有色行业和染料行业。固体废物和噪声占行业缴纳环境保护税比重最大的企业比例较少，钨铜、有色行业中有 16.67%的企业缴纳噪声环境保护税的比重最大。为固体废物缴纳了环境保护税企业占比最高的行业分别为染料行业，钨铜、有色行业，饮料行业，所占比例分别为 84.21%、60.00%、45.45%。

5 个行业中饮料行业、磷与磷复肥协会、染料行业中均有 90%以上的企业已取得了排污许可证，无机盐和涂料行业以及钨铜、有色行业中分别有 78.95%、75%的企业取得了排污许可证。征收环境保护税的过程中，企业会遇到不同的问题，由图 1-1 可以看出，各行业对治理资金补助、申报技术指导以及治理政策解读和分析这三种政府支持的需求都比较高，说明企业对环境保护税征收还有需要理解和改进的地方。

2

环境保护税研究情况

2.1 研究趋势

利用中国知网，于 2019 年 2 月 22 日采用“环境保护税”或“环境税”进行搜索，得到 2003—2018 年在中国知网发表的文章总数为 1 568 篇，而且随着时间的推移呈增长趋势（图 2-1）。

进一步按主题分，“环境税”“环境保护税”“财政收入”“排污费”“企业管理”是发表文章最多的主题词（图 2-2）。

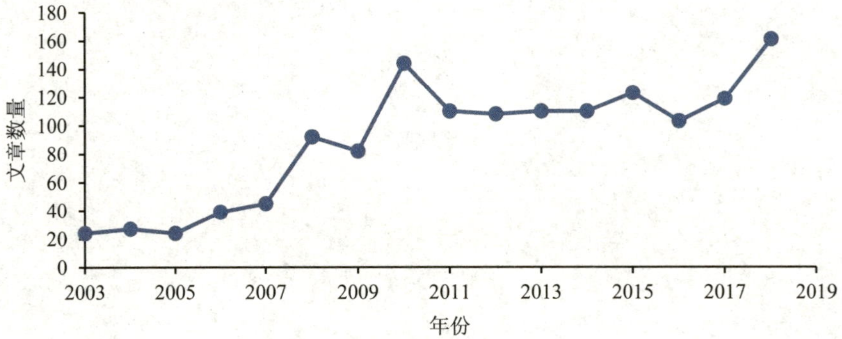

图 2-1　2007—2018 年“环境保护税”相关文章分布情况

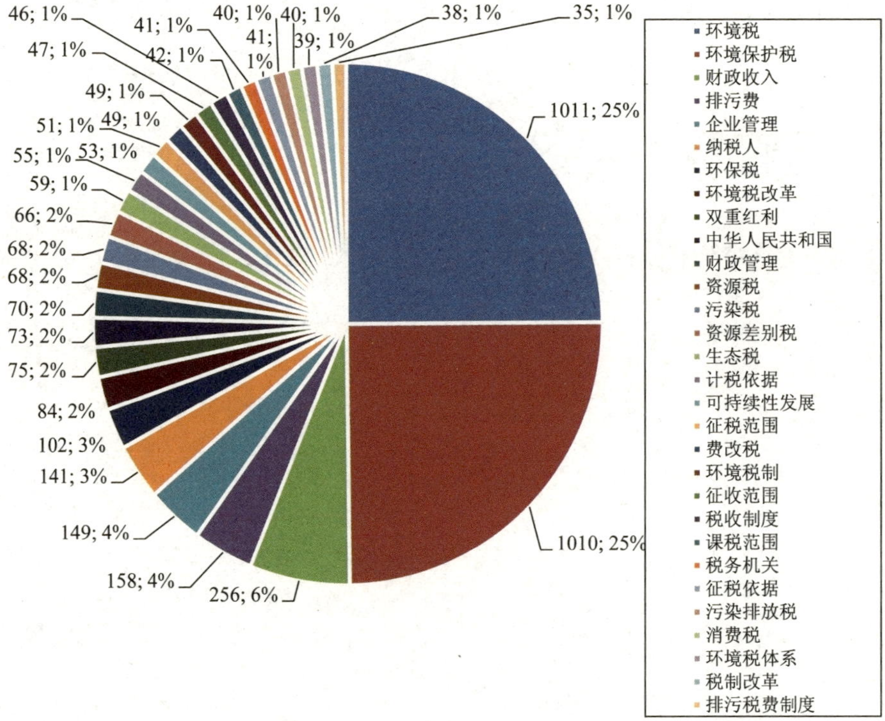

图 2-2　环境保护税相关文章主题分布

2.2 百度指数研究

百度指数（Baidu Index）是以百度海量网民行为数据为基础的数据分析平台，是当前互联网乃至整个数据时代最重要的统计分析平台之一，自发布之日便成为众多企业营销决策的重要依据。利用百度指数网页，搜索 2017 年 1 月 1 日到 2019 年 2 月 22 日的数据，得出环境保护税的百度指数变化情况（图 2-3）

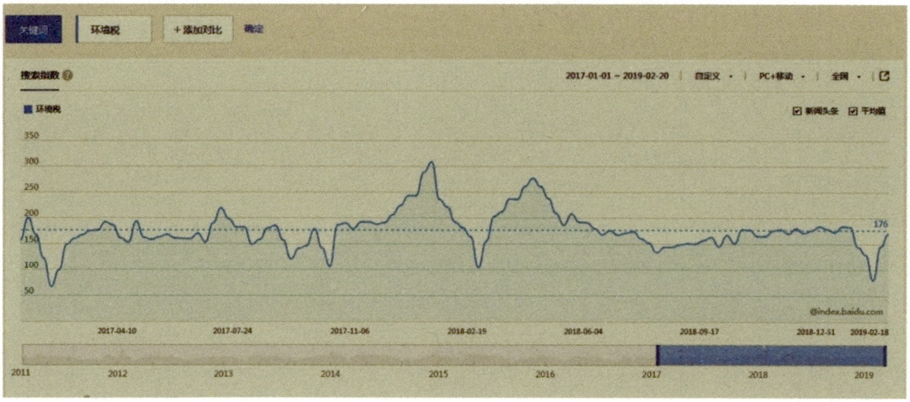

年份

图 2-3　环境保护税百度指数变化情况

来 源： http： //index.baidu.com/v2/main/index.html#/trend/%E7%8E%AF%E5%A2%83%E7%A8%8E? words=%E7% 8E%AF%E5%A2%83%E7%A8%8E.

从“环境税”搜索指数看，2018 年 4 月后，环境保护税的搜索指数都低于平均数。因为 4 月 18 日是环境保护税第一个征缴期，此期间关注度还是比较高的。

3 环境保护税征收情况

3.1 全国征收总体情况分析

国家税务总局公布的 2018 年前三季度数据显示，全国共有 76.4 万户次纳税人顺利完成环境保护税税款申报，累计申报税额 218.4 亿元，其中减免税额达 68.6 亿元，实际征收税款 149.8 亿元。按照每季度约为 50 亿元的趋势预测，2018 年环境保护税收入约为 200 亿元，相较于 2015 年我国实际解缴入库的排污费金额 178.5 亿元略有增加，相较于专业机构预测的 500 亿元有较大差距。

征税额度相比同期征收排污费额度呈增长趋势。2018 年第一季度共 24.46 万户纳税人办理了环境保护税申报，共缴纳税额 44.61 亿元，2017 年第一季度排污费共入库 40.4 亿元，同比增长 4.21 亿元，增幅为 10.4%。第二季度共有 25.4 万户纳税人进行了纳税申报，按时申报率达到 99.9%，申报应纳税额为 52.1 亿元，较第一季度环境保护税入库税额增收 7.49 亿元，环比增长 16.8%。上半年环境保护税共申报应纳税额 96.71 亿元，与上年同期排污费（不含挥发性有机物和建筑噪声）相比增收 17.4 亿元，增长 22.2%。

正向激励作用初步体现。前 3 个征期共减免环境保护税 68.6 亿元，占应纳税额的 31.3%，是我国减免税占比最大的税种，享受达标排放免税优惠的城乡污水处理厂、垃圾处理厂累计免税 27.3 亿元，占减免税总额的 40%，体现了环境保护税对于污染集中处理、鼓励达标排放的“多排多征、少排少征，高危多征、低危少征，不排不征”的正向激励机制作用初步发挥，改革效益已经显现。

3.2 地区征收情况分析

根据各省陆续公布的征收情况来看，江苏、河北、山东、山西、河南、内蒙古等地环境保护税缴纳税额位于全国前列。江苏省 2018 年共有 33 908 户纳税人办理环境保护税申报，共申报 42.3 亿元，实际缴纳税款 29.5 亿元，位居全国第一。山西省上半年环境保护税纳税人申报入库 96.8 亿元，与 2017 年同期同口径排污费相比增收 17.5 亿元，增长 22.1%。内蒙古自治区 1—10 月共有 3 806 户纳税人办理环境保护税申报，环境保护税纳税人申报入库 8.62 亿元，同比排污费增收 1.97 亿元，增长 29.6%。甘肃省 1—7 月共有 3 452 户纳税人办理环境保护税申报，环境保护税税收收入 5 529.5 万元，与 2017 年第二季度的排污费 4 689 万元相比增长 17.9%；减免税 1 800.4 万元，实际入库税款 3 729.1 万元，实际入库税款比同期排污费收入相比下降 20.47%。福建省 1—10 月共有 12 142 户纳税人办理环境保护税申报，共申报环境保护税 3.33 亿元。陕西省 1—10 月共申报环境保护税 10 041 户次，申报税款 321 742.20 万元，组织入库税款 31 440.89 万元，依法减免 756 户次，减免税款 2 855.35 万元。云南省 1—7 月共有 4 200 多户环境保护税纳税人办理环境保护税申报，环境保护税缴纳税额 13 744 万元，减免税额 3 239 万元。重庆市上半年环境保护税纳税人申报应纳税额 2.06 亿元，实际应纳税额 1.36 亿元，减免税额 6 952 万元。

3.3 污染物征收情况分析

从应税污染物类型来看，2018 年上半年环境保护税大气污染物、水污染物、固体废物、噪声缴纳税额分别为 87.09 亿元、7.09 亿元、1.08 亿元、0.96 亿元，占环境保护税总额的比例分别为 90.51%、7.37%、1.12%和 1%，与排污费分布情况一致。

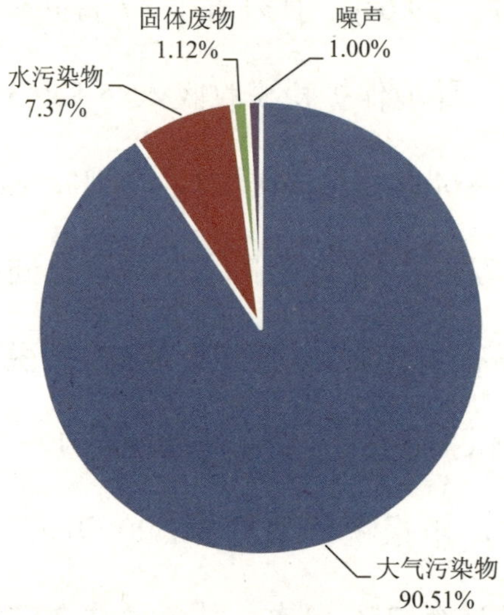

图 3-1　全国 2018 年上半年环境保护税征收情况

2018 年前三季度对大气污染物征税 135 亿元，占比 89.8%，其中二氧化硫、氮氧化物、一般性粉尘合计占大气污染物应纳税额的 85.7%；对水污染物征税 10.6 亿元，占比 7.2%；对固体废物和噪声合计征税 4.7 亿元，占比 3.0%。其中，重点污染企业贡献了大部分税收。

从各地情况来看，环境保护税各类应税污染物比重与排污费收入结构基本相同。以河北省为例，经过对首个征期各类应税污染物所占比重进行分析，结果显示河北省主要应税污染物是大气污染物。2018年第一季度，河北省大气污染物环境保护税申报 13 457 户，申报税款47 474.43 万元，占比 96.5%；水污染物申报 1 742 户，申报税款 1 228.06万元，占比 2.5%；噪声（工业噪声）申报 2 153 户，申报税款 422.26万元，占比 1%；固体废物申报 935 户，申报税款 57.33 万元，企业固体废物进行合规处置、贮存和综合利用，属于不征税和减免税范围，占比较小。

3.4 行业征收情况分析

由于环境保护税基本由排污收费制度平移而来，2018 年上半年环境保护税收入延续了原排污费特点，收入主要集中于钢铁、火电、水泥、石油和化工等行业。从环境保护税收入较高的几个省份来看，江苏省环境保护税收入来源主要集中在制造业和电、热、燃气以及水的生产和供应业；河北省环境保护税收入集中在钢铁、采矿、电力和热力供应、港口、化工、焦化等六大行业，六大行业中钢铁行业总体占比最重，1—6 月共计缴纳环境保护税 3.9 亿元，占总税款的 35%左右。

4 环境保护税实施效果评估

4.1 税额标准省际差异

《环境保护税法》规定各省、自治区、直辖市人民政府制定环境保护税税额幅度为大气污染物每污染当量 1.2～12 元，水污染物每污染当量 1.4～14 元，同时可以根据本地区污染物减排的特殊需要增加应税污染物项目数。目前各省份均未增加同一排放口征收污染物项目数，均未确定本地区其他固体废物的具体范围。北京、江苏等 12 个省份的环境保护税与排污费相比提高了税额标准，内蒙古、辽宁等 13 个省份的环境保护税为最低标准，北京、天津、河北、上海、江苏、山东、河南等省份税率较高，是最低标准的 4～10 倍。河北、江苏的税率实行区域差别化，天津、河北、上海、山东、湖北等的税率实行污染物差别化。另外，上海、云南设立了过渡期税额，辽宁到2020年再研究确定税额。各省份环境保护税税额标准见表4-1。

表4-1　全国31个省份环境保护税税额拟定标准

序号	地区	大气污染物/（元/污染当量）	水污染物/（元/污染当量）	大概税负变化
1	北京	12	14	提标
2	天津	氮氧化物8； 二氧化硫、烟尘、一般性粉尘6； 其他1.2	COD、氨氮7.5； 其他1.4	平移
3	河北	按区域分档： 一档：主要污染物9.6；其他污染物4.8； 二档：主要污染物6；次要污染物4.8； 三档：4.8	按区域分档： 一档：主要污染物11.2；其他污染物5.6； 二档：主要污染物7；其他污染物5.6； 三档：5.6	提标
4	山西	1.8	2.1	提标
5	内蒙古	1.2	1.4	平移
6	辽宁	1.2；2020年再研究确定	1.4；2020年再研究确定	平移
7	吉林	1.2	1.4	平移
8	黑龙江	1.2	1.4	平移
9	上海	2018年：二氧化硫6.65；氮氧化物7.6；其他1.2 2019年：二氧化硫7.6；氮氧化物8.55；其他1.2	COD 5；氨氮4.8；其他1.4	平移

序号	地区	大气污染物/（元/污染当量）	水污染物/（元/污染当量）	大概税负变化
10	江苏	南京市 8.4；无锡市、常州市、苏州市、镇江市 6；其他 4.8	南京市 8.4；无锡市、常州市、苏州市、镇江市 7；其他 5.6	提标
11	浙江	1.2；四项重金属污染物 1.8	1.4；五项重金属污染物 1.8	平移
12	安徽	1.2	1.4	平移
13	福建	1.2	五项重金属、COD 和氨氧 1.5；其他 1.4	平移
14	江西	1.2	1.4	平移
15	山东	二氧化硫、氮氧化物 6；其他 1.2	COD、氨氧和五项重金属 3；其他 1.4	提标
16	河南	4.8	5.6	提标
17	湖北	二氧化硫和氮氧化物 2.4；其他 1.2	COD、氨氧、总磷和五项重金属 2.8；其他 1.4	平移
18	湖南	2.4	3	提标
19	广东	1.8	2.8	平移
20	广西	1.8	2.8	提标
21	海南	2.4	2.8	提标
22	重庆	3.5	3	提标
23	四川	3.9	2.8	提标
24	贵州	2.4	2.8	提标
25	云南	2018 年 1.2；2019 年起 2.8	2018 年 1.4；2019 年起 3.5	平移
26	西藏	1.2	1.4	平移

序号	地区	大气污染物/（元/污染当量）	水污染物/（元/污染当量）	大概税负变化
27	陕西	1.2	1.4	平移
28	甘肃	1.2	1.4	平移
29	青海	1.2	1.4	平移
30	宁夏	1.2	1.4	平移
31	新疆	1.2	1.4	平移

对环境保护税税率和地方经济发展、环境质量和污染物排放的关系进行分析，发现目前环境保护税税率和环境质量、污染物排放的关系还存在不一致性。目前各地区税率与环境质量总体来说是相适应的，环境质量较差的地区其税率制定得相对较高。其中，环境问题较为突出的京津冀地区税率在全国领先。

（1）各省环境保护税税率和大气环境质量的关系

通过各地区主要大气污染物税率与优良天数比例对比可知（图4-1），优良天数比例低的地区，其大气污染物的税率相对较高。拟合各地区主要大气污染物税率与优良天数比例趋势可以看出部分地区的税率在趋势线下方，说明该点所代表的地区税率制定偏低。山西、新疆、陕西等地区的空气质量较差，且与空气质量相近的城市相比税率较低。

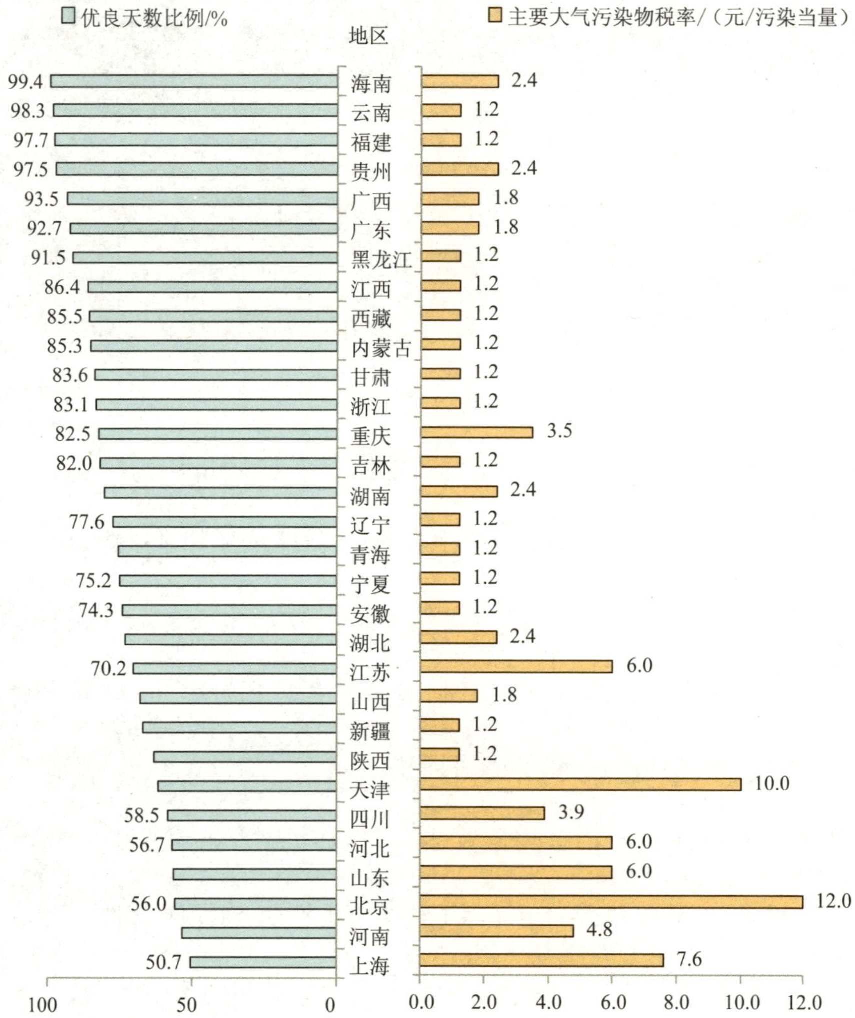

图 4-1　各地区 2016 年优良天数比例与主要大气污染物税率对比

注：区域差别化税率地区（河北、江苏）数据为第二档税率，污染物差别化税率地区（天津、上海、山东、湖北）按最高主要污染物税率，下同。

（2）各省环境保护税税率和水环境质量的关系

通过主要水污染物税率与地表水Ⅰ～Ⅲ类水质比例对比可知（图 4-2），地表水Ⅰ～Ⅲ类水质比例低的城市，其大气污染物的税率

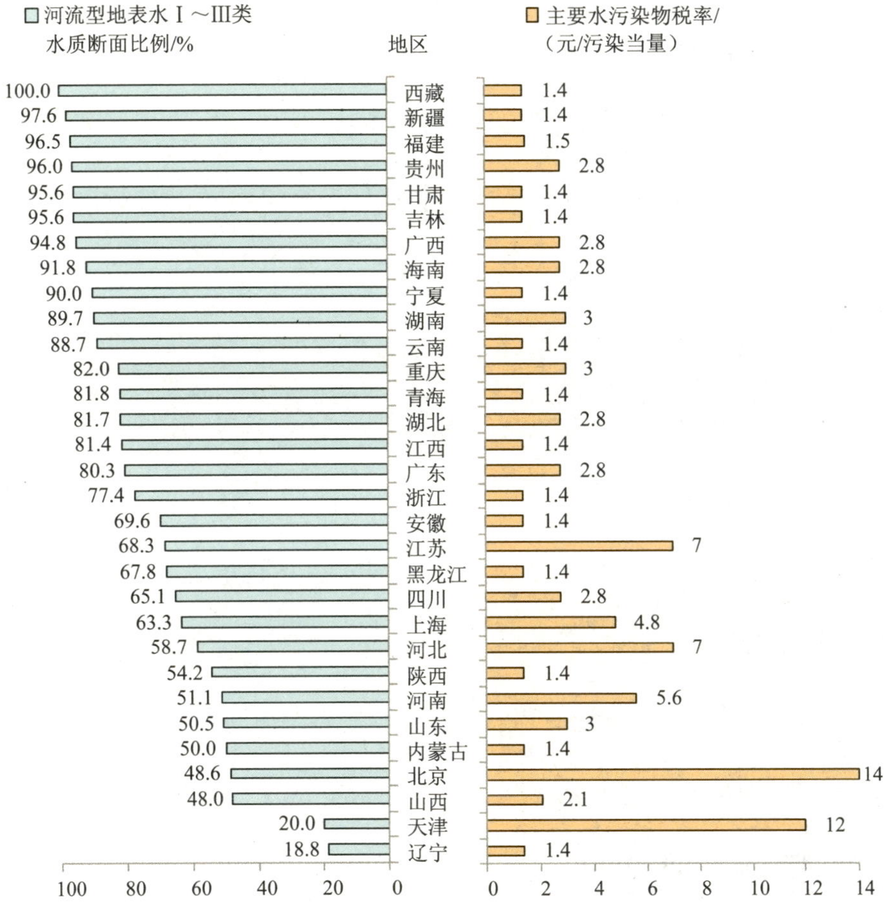

图 4-2　各地区 2016 年地表水Ⅰ～Ⅲ类水质比例与主要水污染物税率对比

相对较高，但其趋势线拟合度不高（R^2<0.4）。各地区水污染物税率的制定还未体现出规律，其主要原因是水质差且税率低的地区较多，这些地区的税率还有提高的空间，如黑龙江、内蒙古、陕西、辽宁，其水质较差，水污染物税率与其他地区税率相比也较低。

（3）各省环境保护税税率和经济发展的关系

环境保护税将环境污染的外部成本内部化，通过税收能更加准确地反映企业生产的实际成本。相同污染在不同地区以及相同地区不同发展阶段的边际社会成本是不一样的。经济不发达地区的边际社会成本相对较低，因此税率设计也会比较低（图 4-3）。

从总体上看，经济发展较好的地区，其主要污染物税率相对较高。广东、浙江与经济发展水平相似地区相比税率较低，广东环境质量较好，税率相对合理，而浙江的环境质量处于中等水平，还有提高的空间。

京津冀地区环境保护税税率相对较高，并呈现北京最高，天津、河北次高的特点。京津冀是典型的复合污染格局，这三个省市的经济发展阶段不同，产业结构存在明显的梯度差异。北京 2016 年第二产业比例占 19.2%，大气污染主要来源于交通尾气，执行最高税额标准对企业影响总体不大，而河北处于工业化中期，工业污染贡献大，高

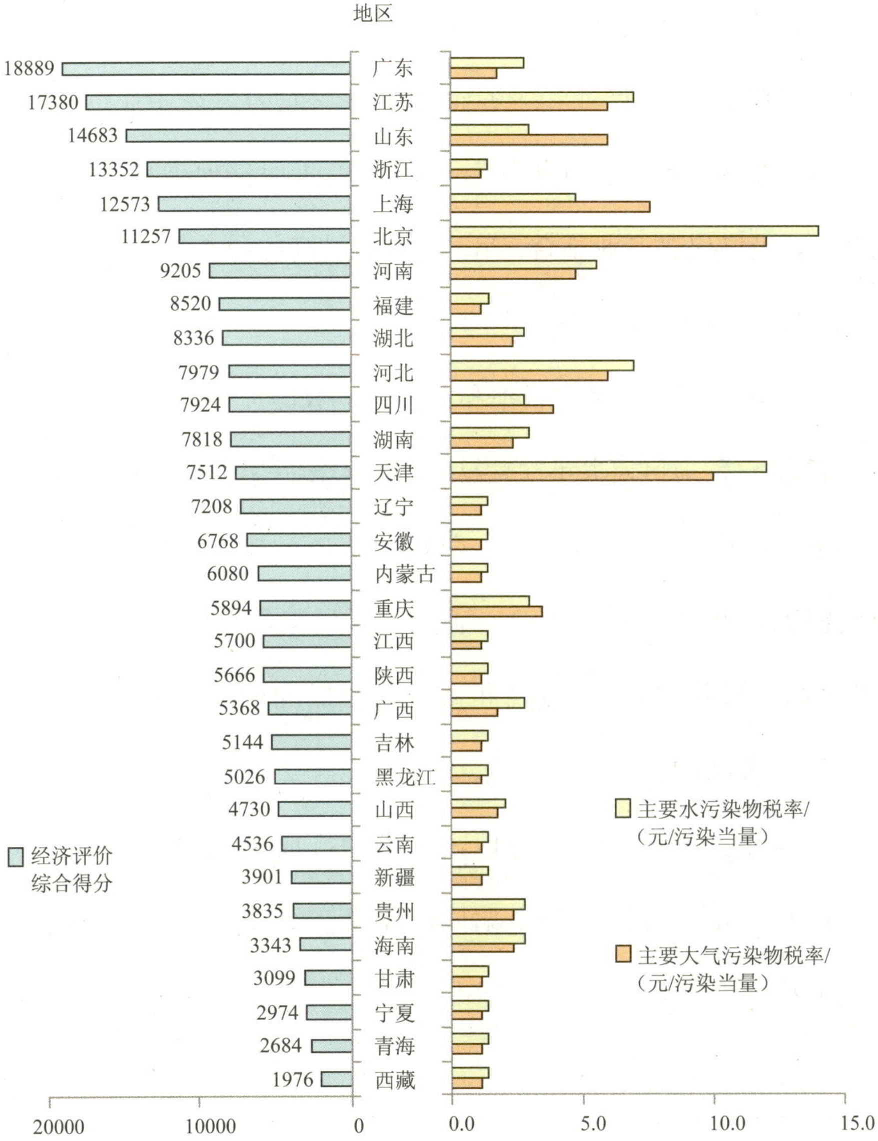

图 4-3　各地区 2016 年经济评价综合得分与主要污染物税率对比

税率对河北是一个机遇也是一个挑战。一方面，有利于产业结构优化升级，促进发展新兴产业和服务业，有利于环境友好型企业迅速发展，逐渐淘汰以污染环境为代价的粗放型企业，而且能促进和强化企业环保意识，最终促进产业整合；另一方面，过高的税率加重了企业的负担，短期内对经济发展有一定的影响。

（4）各省环境保护税税率和污染物排放的关系

目前，各地区环境保护税税率制定未明显体现污染物排放特征，主要污染物（NO_x、SO_2、COD、氨氮）排放与对应税率无拟合较好的趋势线（$R^2<0.4$）。通过主要污染物税率与排放量对比（图 4-4）发现，排污量较高和排污量较低的地区税率均较高，而部分排污量高的地区税率还未提高标准。山东、内蒙古、山西、河南、河北、广东、辽宁等地区污染物排放量较高，而其中内蒙古、广东、辽宁等地区税率偏低。北京、天津、上海等地区排放量低但税率在全国处于最高标准。

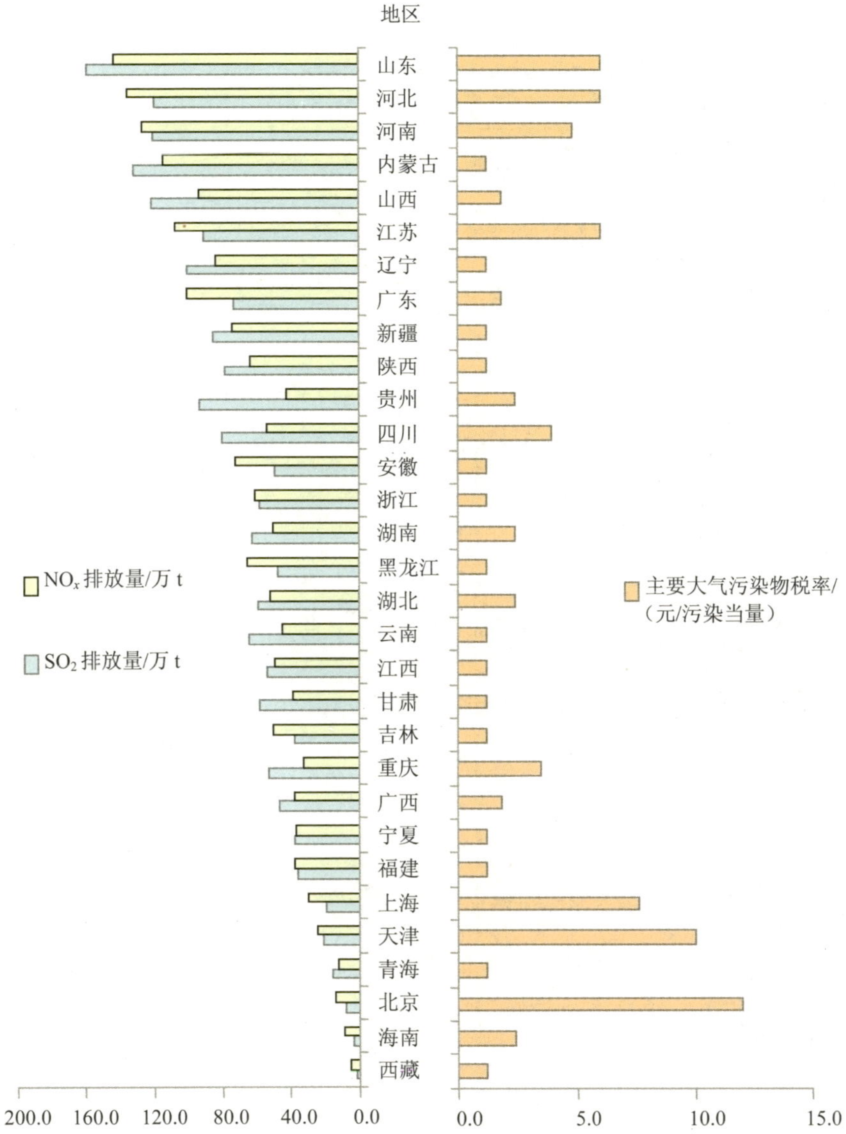
地区
山东
河北
河南
内蒙古
山西
江苏
辽宁
广东
新疆
陕西
贵州
四川
安徽
浙江
湖南
黑龙江
湖北
云南
江西
甘肃
吉林
重庆
广西
宁夏
福建
上海
天津
青海
北京
海南
西藏
NO_x 排放量/万 t
SO_2 排放量/万 t
主要大气污染物税率/（元/污染当量）
200.0 160.0 120.0 80.0 40.0 0.0
0.0 5.0 10.0 15.0

（a）

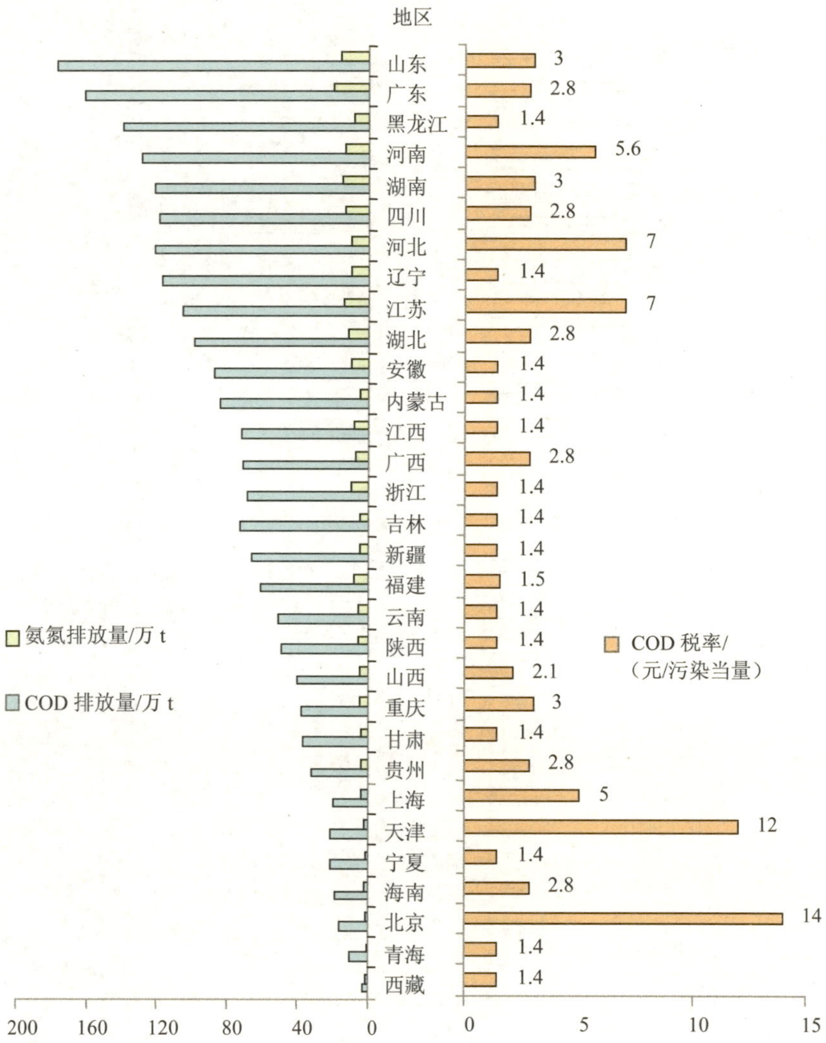

（b）

图 4-4 各地区 2015 年主要污染物排放量与税率对比

4.2 环境保护税对企业负担的影响

4.2.1 对企业负担整体影响不大

一是各省份已经将排污费征收标准调整至最低标准以上。环境保护税税额的最低限与排污费征收标准的最低限基本一致，各省份已经在 2015 年 6 月底前全部将四项主要污染物（SO_2、NO_x、COD、氨氮）和五项重金属（铅、汞、铬、镉、类金属砷）的排污费征收标准调整至最低限以上。与目前排污费征收标准相比，大部分省份出台的环境保护税适用税额基本是平移或者小幅提标，预计对企业负担整体影响不大。

二是排污费占企业缴纳税费的比例普遍较低。根据 2016 年对部分地区开展的相关调研，排污费占企业缴纳税费的比例普遍较低，一般在 1%以下。2017 年对辽宁省部分企业开展的排污费问卷调查显示，排污费占产值总额比例的平均值为 0.37%，占利润总额比例的平均值为 0.84%，占纳税总额比例的平均值为 5.25%。根据北京市测算，环境保护税标准执行后，北京市有 4 174 户企业税负上升，占总户数的 65.3%，其中，3 982 户企业年税负增加额在 10 万元以内，占 95.4%；

164 户企业年税负增加额为 10 万～100 万元，占 3.9%；28 户企业年税负增加额在 100 万元以上，仅占 0.7%。

4.2.2 对排污费缴纳不规范或污染治理投入少的企业影响较大

一是对于排污费缴纳不规范的企业，排污费改税后，法律刚性和征管力度都大大加强，过去企业在排污费征管中可能存在的协商收费、欠缴、漏缴问题，将通过费改税得以解决。同时，随着环保部门对企业污染物排放监管的趋严，数据造假行为将会逐步减少，企业申报的排污量等数据也将更为真实可靠。因此，环境保护税相对于排污费来说征收率将会提高，这在一定程度上增加了这部分企业的实际负担。但这类企业增加的环境保护税负担，也是企业之前应该承担的。通过环境保护税促使污染企业采用更加先进的技术和污染处理设施，将高污染的企业淘汰出市场也是环境保护税的重要作用。

二是对于污染治理投入少、治理不规范的企业，由于治理不规范，通常污染物排放量较大，排放浓度高。如果不加强污染治理投入、减少排放量、降低排放浓度，这类企业很难享受到减排优惠，且税收的法律刚性使其难以逃避足额缴税。因此经济负担可能是刚性增加的。

4.2.3 部分污染物税额至少提高一倍导致负担增加

通常说环境保护税税额与排污费征收标准最低限一致，但是其实二者有一个不可忽视的区别，即排污费是要求将废气中的二氧化硫和氮氧化物排污费征收标准调整至不低于每污染当量1.2元，将污水中的化学需氧量、氨氮和五项主要重金属（铅、汞、铬、镉、类金属砷）污染物排污费征收标准调整至不低于每污染当量1.4元。而《环境保护税法》要求所有大气污染物税额不低于每污染当量1.2元，所有水污染物税额不低于每污染当量1.4元。各省份在进行排污费提标的时候只提了四项主要污染物和水中五项重金属，除此之外的其他大气污染物和水污染物仍然分别执行的是0.6元/污染当量和0.7元/污染当量的旧标准。费改税之后，这些污染物都要提高一倍以上。因此对需要缴纳这部分污染物环境保护税的企业，将会增加一部分负担，但是企业可以通过降低排放浓度争取减税优惠。

4.2.4 减税优惠将减轻企业的部分负担

相比排污费，环境保护税增加了一档减税优惠，有利于企业享受税收优惠。《环境保护税法》规定：“纳税人排放应税大气污染物或者水污染物的浓度值低于国家和地方规定的污染物排放标准 30%的，减按 75%征收环境保护税。纳税人排放应税大气污染物或者水污染物的浓度值低于国家和地方规定的污染物排放标准 50%的，减按 50%征收环境保护税。”相比排污费规定的：“企业污染物排放浓度值低于国家或地方规定的污染物排放限值 50%以上的，减半征收排污费”，增加了一档优惠范围，有利于更多的企业享受优惠条件。2017 年对辽宁省费改税问卷调查显示，在被调查的 65 家企业中，约 60%的企业预计能享受到不同程度的减税政策。

此外，《环境保护税法》取消了排污费加倍征收的规定“企业污染物排放浓度值高于国家或地方规定的污染物排放限值，或者企业污染物排放量高于规定的排放总量指标的，按照各省（区、市）规定的征收标准加一倍征收排污费；同时存在上述两种情况的，加二倍征收排污费”，减轻了企业负担。

以甘肃某发电公司为例，环境保护税新政出台后，该公司及时对 4 台机组脱硫、脱硝及除尘等烟气处理装置进行了升级改造，大幅降低了排放浓度，享受到了环境保护税减免优惠。该公司 2018 年前 3 个季度缴纳环境保护税 47 万元，与上年同期的排污费相比减少了 116 万元，降幅达 71%。

4.2.5 污染物排放量核算方法变化对企业产生一定影响

现行的污染物排放量核算手册种类繁多，生态环境部在不同时期由不同司、局出版了许多排污系数手册、污染源普查手册等，如《工业污染物产生和排放系数手册》《排污申报登记实用手册》《钢铁企业大气污染物排放量核算细则》《第一次全国污染源普查城镇生活源产排污系数手册》《第一次全国污染源普查工业污染源产排污系数手册》《排污许可证申请与核发技术规范》等。这些手册存在排污系数不统一、物料衡算方法不统一等问题。《环境保护税法》规定，排污系数、物料衡算方法由国务院环境保护主管部门统一制定并发布。2017 年 12 月 27 日，环境保护部发布了《关于发布计算污染物排放量的排污系数和物料衡算方法的公告》（环境保护部公告　2017 年第 81 号），对纳入排污许可管理和未纳入排污许可管理的纳税人分别制定了其适用的排污系数和物料衡算方法，而这些方法可能会与企业在进行排污费缴纳时采用的计算方法不同，从而导致应纳税额的变化。

4.2.6 实证研究

（1）京津冀地区

京津冀地区是大气污染最为严重的区域之一，环境保护税税额的标准也相对较高。北京市按“环境保护税税目税额表”的最高上限确定收费价格，即应税大气污染物适用标准为 12 元/污染当量、水污染物适用标准为 14 元/污染当量，均按税法规定上限执行。

京津冀地区因污染防治任务较重提高了环境保护税税额标准，倒逼企业加大治污力度、减少污染排放。2018 年上半年，京津冀地区纳税人申报主要大气污染物二氧化硫和氮氧化物排放量同比均下降。其中，地区二氧化硫排放量同比下降了 2.2 万 t，降幅达 22.7%；氮氧化物排放量同比下降了 3.5 万 t，降幅为 13.1%。

（2）湖南省

湖南省于 2018 年 1 月 1 日起征收环境保护税，大气污染物税额为每污染当量 2.4 元，水污染物税额为每污染当量 3 元，不再征收排污费[①]。

---

① 佚名. 湖南省环保税施行，每当量大气污染物 2.4 元、水污染物 3 元[J]. 给水排水，2018（2)：26.

林思宇等[1]选取邵阳市为案例区域，重点分析了环境保护税对邵阳市高 COD 排放量行业的影响。得到以下几点结论：①排污费标准较低，远远低于调查各行业平均治理成本，不足以达到环境改善相关要求。②行业废水治理成本是制定工业环境保护税税率的基础。通过高污染行业的案例分析，可以看出治理成本在行业与行业之间有差别。由于污水性质不同，各行业、各地区污水排放标准有差异，地区间经济社会条件、环境容量亦不相同，环境保护税征收标准应当因地因行业制定。③考虑到政策执行的可操作性，如果按照行业废水平均治理成本制定环境保护税税率，并考虑排放标准趋严、废水治理成本提高的可能性，分别设置按照现有平均治理成本以及单位治理成本提高两种情景，分析不同情景下环境保护税征收对企业利税的影响，发现开征环境保护税有利于淘汰行业中高污染的落后产能，促进行业整体资源优化配置，从长远来看有利于整个行业的发展，对于推动供给侧改革、改善环境质量具有重要意义。

（3）重庆市

2017 年 12 月 28 日，重庆市第四届人民代表大会常务委员会第

① 林思宇，石磊，马中，等. 环境税对高污染行业的影响研究——以湖南邵阳高 COD 排放行业为例[J]. 长江流域资源与环境，2018，27（3）.

四十三次会议表决通过了重庆市人民代表大会常务委员会《关于批准重庆市大气污染物和水污染物环境保护税适用税额的方案的决定》，重庆市大气污染物、水污染物环境保护税额方案分两步走，即：2018年1月1日—2020年12月31日，大气污染物税额标准为2.4元/污染当量，水污染物税额标准为3.0元/污染当量；自2021年1月1日起，大气污染物税额标准为3.5元/污染当量，水污染物税额标准保持不变。

周欢等[①]研究表明，重庆市环境保护费改税后环境保护税征收数额2018—2020年预计与当前排污费征收数额基本持平，2020年以后将明显高于排污费征收数额；重庆市环境保护费改税后会明显增加了水污染物、大气污染物排放企业的污染物排放成本，但环境保护税不构成企业的主要负担；环境保护税的征收总体对行业经济影响较小，但非金属矿物制品业、黑色、有色金属冶炼业和电力、热力、燃气及水的生产和供应业是费改税之后需要重点关注的行业。

（4）常州市

2018年7月是《环境保护税法》实施后的第二个征期。常州市

① 周欢，李玲，孙欣，等. 环境保护税征收对重庆市经济社会的影响分析[J]. 四川环境，2018（3）.

税务局统计数据显示，2018 年上半年该市共有 2 550 户纳税人申报环境保护税，共申报应纳税额 1.42 亿元，186 户纳税人申报减免税额 4 468 万元。减税额占全部申报应纳税额的 31.4%。其中，第二季度该市有 2 445 户纳税人申报环境保护税 6 920 万元，135 户纳税人申报减免税额 2 317 万元，与第一季度相比，纳税人申报减免税户、税收减免数均有所提高[①]。

环境保护税的征收和优惠政策的落实，促进了企业绿色转型发展，该市环境保护税减免税额占全部申报应纳税款的比例由第一季度的 29.5%上升到第二季度的 33.4%，说明企业治污减排力度逐步加大，环境保护税“多排多征、少排少征、不排不征”的正向激励机制正逐步发挥作用，鼓励节能减排、鼓励集中处理、鼓励综合利用，引导绿色生产、转型升级、促进高质量发展的改革效益初步显现。

企业治污减排力度越大，享受税收减免就越多，环境保护税税负也就越低。在有力的税收杠杆撬动下，越来越多的企业对环保设备进行了升级改造。常州市某包装材料有限公司投资 2 500 万元完成了烟气提标改造，二氧化硫、氮氧化物等主要污染物排放低于浓度标准 50%，从而享受到了减半征收税收优惠。上半年应缴纳环境保护税

① http：//jsjjb.jschina.com.cn/mp2/pc/c/201808/21/c522 571.html.

87.28 万元，享受减免后实际缴纳 45.62 万元，与 2017 年全年缴纳 244 万元的排污费相比，平均一个季度可少缴 38.79 万元，平均降幅达到 63%。公司目前正进行燃气项目改造，预计 2 个月后全部投产，届时，二氧化硫的年排放量将从之前的 190 t 降至 10 t 以下，企业还可以享受更大力度的税收优惠。

4.3 环境保护税对污染减排的影响

4.3.1 环境保护税绿色效应初显

（1）促进清洁生产，减少污染排放

环境保护税开征以来，全国主要水污染物化学需氧量和氨氮，以及主要大气污染物二氧化硫和氮氧化物的申报排放量，与 2017 年同期缴纳排污费单位的申报排放量相比均有所下降。各地环境质量也稳步提高。以环境保护税收入位居全国第一的江苏省为例，2018 年江苏省 $PM_{2.5}$ 浓度为 48 $\mu g/m^3$，国考断面水质好于Ⅲ类的比例为 68.3%，劣于Ⅴ类的比例为 1%，超额完成国家约束性指标任务。在环境保护税收入位居前列的内蒙古自治区，2018 年前三季度主要大气污染物二氧化硫和氮氧化物、主要水污染物化学需氧量和氨氮申报排放量较上年同期均大幅下降。其中，二氧化硫同比减排 72 067 t，降低 43%；氮氧化物同比减排 44 529 t，降低 25%；化学需氧量同比减排 9 691 t，降低 75%；氨氮同比减排 265 t，降低 70%，减排效果显著。

（2）促进集中处理，提高治污效率

通过对城乡生活污水集中处理场所实行达标排放免税政策，促进企业由过去直接向环境排放水污染物改为入城市管网排放，提高污水集中处理效率。2018 年上半年，税务部门共对达标排放的城乡生活污水和生活垃圾集中处理场所依法免征环境保护税 17 亿元，有效引导了企业技术改造，实现了企业与环境的双赢。

（3）促进综合利用，提升治理效益

通过落实对综合利用固体废物纳税人免税政策，2018 年上半年促进了 1 000 多万 t 固体废物的综合利用。对涉及民生的规模化畜禽养殖业实施污水综合利用不征税政策，2018 年上半年规模化畜禽养殖业加大污水综合利用，应纳环境保护税较 2017 年同期同口径排污费下降 15.9%。以内蒙古自治区为例，2018 年前三季度共 10 户纳税人享受综合利用固体废物的免税政策，减免税款 3 940 万元，有效促进了 350 万 t 固体废物的综合利用。对涉及民生的规模化畜禽养殖业实施污水综合利用免税政策，应纳环境保护税较 2017 年同期同口径排污费下降 15%。环境保护税的开征为企业“变废为宝”提供了动力。江苏省某钢铁集团每月产生大约 30 万 t 冶炼废渣，近年来投资 3.75 亿元引进国内最大冶炼渣立磨设备，对冶炼废渣进行综合利用，在降低固废排放、为国家节省大量矿产资源的同时，新材料的生产销售也为企业增加了不小的收益。如果冶炼废渣没有合规处理，企业每个月大约要缴纳 750 万元环境保护税，现在不但这笔钱省了，还能额外增加 7 000 万元收入。

4.3.2 节能减排“有利可图”

环境保护税实行的是定额税率，即多排放多缴税、少排放少缴税、不排放不缴税。开征环境保护税，将以“优胜劣汰”倒逼企业转型升级、履行环保责任，生产更高附加值、绿色低碳的产品，从而推动经济结构调整和发展方式转变。从长期来看，随着生态文明建设深入推进、环境治理力度不断加大、排污企业治污减排水平不断提升，环境保护税收入将逐步下降并趋于稳定，为治污减排带来利好的同时推动企业“减负”。

江苏某大型燃煤发电企业 2018 年缴纳的环境保护税款达到 1 190

万元。为此，公司投入 373 万元用于环保治理，经过对生产设备、环保设备进行改造和升级，大气污染物产生量大幅度减少。根据《环境保护税法》的规定，公司少缴约 396.81 万元税款，相当于已经收回了环保治理的投资成本。企业算了一笔账，如果继续改进工艺，排污量减少再加上减税“福利”，一年将仅需缴纳 400 万元左右的环境保护税。

某石化公司催化剂厂同样享受到了减排带来的好处，以往催化剂厂每年缴 24 万元的排污费，征收环境保护税后，通过设备改造，对所有生产装置工艺尾气进行净化处理，降低污染物排放，一年只需要缴 15 万元左右的环境保护税，更有利于企业可持续发展。

4.3.3 违法成本大幅提高

我国法律规定，如果认定企业偷税，税务机关将追缴企业不缴或者少缴的税款和滞纳金，并处相应税款 50%以上 5 倍以下罚款，构成犯罪的，还要追究刑事责任。特别是对上市公司而言，一旦有关于税收方面的负面新闻，将严重影响公司股价，违反税法的成本更高。而此前，对企业排污费谎报瞒报、拒不缴纳等情况，《排污费征收使用管理条例》仅规定了 3 倍以下的罚款、责令停产停业整顿等措施，在实际执行中威慑力明显不足。

《环境保护税法》最大的意义在于以法律的形式确定了“污染者付费”的原则，税务部门依据法律条款严格执法，多排放多缴税成为企业生产的刚性制约因素。无论从短期、中期还是长期来看，环境保护税代替排污费都将使环境保护机制更加规范有效，将有力促进我国经济优化升级，实现更高质量的发展。企业也不必太过恐慌，只要做好环保，不仅可实现自身的绿色升级，还可以获得很大的税收优惠。

4.4 税收优惠对企业经济和环境创新的影响

4.4.1 税收优惠对企业的影响机制

（1）税收优惠的激励机制

《环境保护税法》第十三条规定：“纳税人排放应税大气污染物或者水污染物的浓度值低于国家和地方规定的污染物排放标准 30%的，减按 75%征收环境保护税。纳税人排放应税大气污染物或者水污染物的浓度值低于国家和地方规定的污染物排放标准 50%的，减按 50%征收环境保护税。”明确了税收优惠的条件和减税程度。这与排污收费相比，增加了一档减按 75%征收的优惠档次，同时取消了排污费的超标加倍征收。

环境保护税是将环境污染的外部成本内部化、提高环境资源配置效率和公平的核心手段，对企业排污进行惩罚性制约和激励性创新。税收优惠是一种间接补贴方式，享有该优惠的企业满足一定的排放要求时从应税所得中扣除。若企业加大环境治理投入从而满足税收优惠的条件，则企业可减少所需上缴的环境保护税。一是扣除了相应百分比的环境保护税，二是设备在相同工作时间和排放速度下，降低污染物排放浓度便同时减少了污染物的总排放量。

环境保护税税率的高低是惩罚力度和激励程度的表现[①]。在合理的税负水平下，税率越高，税收优惠的激励作用越大。从环境经济学的角度来说，环境保护税的最优税率应等于边际治理成本[②]。若税率低于边际治理成本，企业为避免治理资金投入的风险，宁愿缴纳税款而不进行减排，那么税收优惠的激励作用会变小。另外，企业能从税收优惠中获益，其激励机制与环境保护税的惩罚机制相比，对企业绿色创新的影响更为显著。目前各地区的环境保护税税额标准体现了地区差异性。税率高的地区，税收优惠的影响更大。

① 褚睿刚. 环境科技创新中的财税激励政策刍议——基于环境与经济双赢的视角[J]. 经济体制改革，2018（2）：112-117.

② ZHANG Z X，BARANZINI A. What do we know about carbon taxes？ an inquiry into their impacts on competitiveness and distribution of income[J]. Energy Policy，2004，32（4）：507-518.

国家制定的排放标准和优惠差异的设计也是税收优惠激励作用的影响因素。企业排放出口浓度与边际治理费用成反比[①]，排放标准制定得越严，企业降低污染浓度的治理投入越大，对企业污染治理的激励作用越小。

（2）税收优惠与环境创新

征收环境保护税能提高企业的排污成本，转变高投入、低产出、高污染的经济发展模式。同时税收优惠体现了政府对不同生产技术水平持不同收税政策，以减免的方式激励企业进行环境创新[②]。

环境创新是指创造或实施新的或显著改善的商品、服务、工艺、营销方法、组织结构或制度，与传统的技术创新相比，它能有意或无意地促进环境绩效的改善[③]。环境创新受外部和内部因素影响。一方面，企业的创新行为受政府环境政策和市场需求的影响，当创新收益高于环境政策带来的生产成本时，这种程度的环境规制能带动企业进行创新来从中获得经济效益。市场对环保化、清洁化生产产品或服务的需求激励环境创新。另一方面，企业自身清洁生产的社会意识、环

① 曹东. 中国工业污染经济学[M]. 北京：中国环境科学出版社，1999：96-97.
② 廖中举，程华. 企业环境创新的影响因素及其绩效研究——基于环境政策和企业背景特征的视角[J]. 科学学研究，2014，32（5）：792-800，716.
③ OECD. Sustainable Manufacturing and Eco-innovation[R]. Paris：OECD，2009.

境意识以及对环境友好型产品的偏好推动着环境创新[①]。环境创新决定了企业生产的边际费用和边际效益，能够降低生产和消费中的环境外部性损失和内部生产成本。

环境保护税优惠政策为市场发展提供了条件。基于税收优惠是激励型手段，无法直接干预企业的减排活动，企业可自主决定和选择是否加大环境投入来享受优惠以及优惠幅度。应建立吸引社会资本投入生态环境保护的市场化机制，推行环境污染第三方治理的模式创新，更专业化的治理模式能提高资源配置。

4.4.2 实证研究

（1）数据来源

东北某省是我国重要的重工业基地，其工业在全省国民经济发展中占有极其重要的地位。而该省的环境质量在全国相对较差，其环境保护税税率也是征收范围的最低标准。2016 年该省大气污染物排污费减半额占总排污费的4.24%，水污染物排污费减半额占总排污费的16.04%。满足大气污染物排污费优惠的企业与水污染物相比较少，且政策落实情况有待提高。本研究通过调研企业大气污染物具体排放情况来分析环境

---

① 戴鸿轶，柳卸林.对环境创新研究的一些评论[J]. 科学学研究，2009，27（11）：1601-1610.

保护税优惠增加一档后对企业的影响以及税收优惠对重点行业的影响。

数据来源于该省实地调研和调查问卷。根据数据收集数量和有效性，本研究重点选取电力、水泥、钢铁、化工这 4 个行业进行研究。根据统计近 5 年该省污染物排放及排污费征收情况，选取二氧化硫、二氧化氮、烟尘为主要大气污染物指标，调研基于 2016 年该省 14 个城市的 89 家企业，共获取 400 个排放口的有效数据、51 个企业的利润和纳税有效数据。行业排放标准数据来源于工业污染物排放标准：《炼焦化学工业污染物排放标准》（GB 16171—2012）、《炼钢工业大气污染物排放标准》（GB 28664—2012）、《火电厂大气污染物排放标准》（GB 13223—2011）、《水泥工业大气污染物排放标准》（GB 4915—2013）、《石油化学工业污染物排放标准》（GB 31571—2015）、《钢铁工业水污染物排放标准》（GB 13456—2012）。其他数据来源于该省排污费征收年报。

（2）不同情景下总体与重点行业的减税情况

考虑到企业污染物排放的实际情况，设置了以下几种情景：

基准情景：企业不享受税收减征优惠。

减征情景一：企业排放大气污染物的浓度值低于规定标准的 30%，减免 25%的环境保护税。

减征情景二：企业排放大气污染物的浓度值低于规定标准的50%，减免50%的环境保护税。

减征情景三：企业满足减免25%或减免50%环境保护税的条件。

89个企业共有400个排放口，每个企业有多个排放口，且每个排放口的出口浓度并不相同，大多数企业只有部分排放口享受税收优惠。根据出口浓度来判断企业是否满足税收优惠的条件。从表4-2来看，满足减征情景三的企业比满足减征情景二的企业多，但近一半排放口不满足税收优惠的条件。满足减征情景二的环境保护税减免额占总环境保护税比例为5.23%。环境保护税实施后，满足减征情景二的企业也能减免一部分环境保护税，但减免额占环境保护税比例为2.74%，总体影响不显著。

将企业按行业分类，表4-3为重点行业减税额占总环境保护税额的比例。由于化工行业样本数据太少，所得结果与总体结果有所偏差。水泥行业受税收优惠的力度最大，两种情景相加总减免额占环境保护税的11.8%。而电力行业相对较小，总减免额占环境保护税的3.96%。

表 4-2　企业环境保护税规模和减税情况

情景	税收情况			减征情况					
	企业数/个	排放口数/个	总税收/万元	企业数		排放口数		减免税收	
				数量/个	比例/%	数量/个	比例/%	金额/万元	比例/%
基准情景	89	400	7 781.0	0	0	0	0	0	0
减征情景一	89	400	7 567.8	30	33.7	63	15.75	213.2	2.74
减征情景二	89	400	7 374.1	42	47.2	152	38	406.9	5.23
减征情景三	89	400	7 160.9	53	59.6	215	53.75	620.1	7.97

表 4-3　重点行业的环境保护税规模和减税情况

行业		基准情景	减征情景一	减征情景二	减征情景三
电力	企业数/个	34	34	34	34
	排放口数/个	214	214	214	214
	总税收/万元	4 611	4 546	4 493.4	4 428.4
	减免税收/万元	0	65	117.6	182.6
	减免税收比例/%	0	1.41	2.55	3.96
钢铁	企业数/个	17	17	17	17
	排放口/个	62	62	62	62

行业		基准情景	减征情景一	减征情景二	减征情景三
钢铁	总税收/万元	1 068	1 048.9	995.2	976.1
	减免税收/万元	0	19.1	72.8	91.9
	减免税收比例/%	0	1.79	6.82	8.61
水泥	企业数/个	17	17	17	17
	排放口/个	61	61	61	61
	总税收/万元	1 778	1 693.5	1 655.7	1 571.2
	减免税收/万元	0	84.5	122.3	206.8
	减免税收比例/%	0	4.92	6.88	11.80
化工	企业数/个	21	21	21	21
	排放口/个	63	63	63	63
	总税收/万元	324	287	323.7	286.7
	减免税收/万元	0	37	0.3	37.3
	减免税收比例/%	0	11.43	0.1	11.53

（3）税收优惠对企业的经济影响分析

剔除负利润以及无利税数据的企业数据后共有 51 组有效数据。从调研结果来看，该省所调研企业的环境保护税在无税收优惠的情况下在纳税额中占较大比例，有 26 个企业环境保护税占纳税比例为 10%～50%，对这些企业来说负担的确较重。

根据调研企业的排污数据统计，若企业均满足减征情景一，则有 25.5%的企业环境保护税减免的税额大于利税额（利润和纳税）10%；有 11.7%的企业环境保护税减免的税额大于利税额 50%；若企业均满足减征情景二，则有 39.2%的企业环境保护税减免的税额大于利税额 10%，有 15.7%的企业环境保护税减免的税额大于利税额 50%。表 4-4 为企业平均减税额分别占利润、纳税额、运行成本比例的总体情况。平均优惠减免额占利润、纳税额的比例不大，但占运行成本的比例较大。综上所述，环境保护税减免优惠对企业整体税收还是有一定影响的，有利于促进企业加大治理力度来减少排放浓度，从而降低污染物排放量。

表 4-4　税收优惠与利税情况

情景	利税情况			减征占比		
	利润/亿元	纳税/亿元	运行成本/亿元	减免占利润比例/%	减免占纳税比例/%	减免占运行成本比例/%
均满足减税情景一	23.5	21.1	0.94	1.7	1.9	42.5
均满足减税情景二				3.4	3.7	84.1

从上述数据分析来看，税收优惠占企业运行成本的比例较大，满足税收优惠能减轻较大的排污成本。但该省目前满足税收优惠约占

应缴环境保护税的 8%，减税规模不大。其主要原因，一是该税率下税收优惠的力度对企业治理的激励程度有限，降低排放浓度所需成本比减免额更大；二是环境治理的收益期较长，企业需要承担较大的投资风险；三是微、小型企业无法承担或者更新高技术设备。为了让税收优惠发挥应有的激励作用，还需进一步探索。由于本部分采用的是 2016 年的数据，环境保护税实施后第二档优惠减免（排放浓度低于标准的 30%）的激励作用会更加显现，预测减免比例略大于此计算比例。

4.4.3 减税与合同环境服务模式

由于政府与市场的信息不对称[①]，环境保护税的实施对企业减排、技术创新的促进作用有限。以该省为例，大气污染物环境保护税税收优惠的激励效果并不显著，且大气污染物处理相对于水污染物处理更为复杂，排污企业治理需要大量投资于设备和技术，承担了较大的风险和成本。这为环境治理市场化提供了发展空间。

国家鼓励发展提供系统解决方案的综合环境服务创新，在 2011

① 张光明，温兴琦，赵锡斌. 企业环境创新：基于案例的研究[J]. 科技进步与对策，2014，31（2）：83-86.

年首次提出合同环境服务的新型环境服务模式。合同环境服务是将合同能源管理的模式应用到环保领域，即排污企业或政府为得到既定的环境效果，与环境服务商签订合同并支付相应费用的一种模式。目前合同环境服务的应用领域有城市或工业园的污水处理、跨行政区的流域治理、排污企业污染治理等[①]。

在排污企业减排领域，支撑企业满足税收优惠条件可以作为治理效果纳入合同环境服务。排污企业与环境服务商签订合同，环境服务商将排污企业预处理的污染物出口浓度下降到满足优惠条件的浓度，然后双方共享减税额和排污企业节省下来的减排费用。假设 C 为污染物排放浓度，V 为污染物排放速度，t 为排放时间，R 为环境保护税税率。

若通过环境服务商治理将污染物排放浓度从不享受税收优惠的浓度 C_0 下降到低于排放标准 30%（C_1），则

$$减税额 = C_0V_0tR-0.75C_1V_1tR$$

若通过环境服务商治理将污染物排放浓度从不享受税收优惠的浓度 C_0 下降到低于排放标准 50%（C_2），则

① 郝思文，常杪，王世汶. 创新性理解与实施合同环境服务模式[J]. 环境经济，2013（7）：23-26.

$$减税额 = C_0V_0tR-0.5C_2V_2tR$$

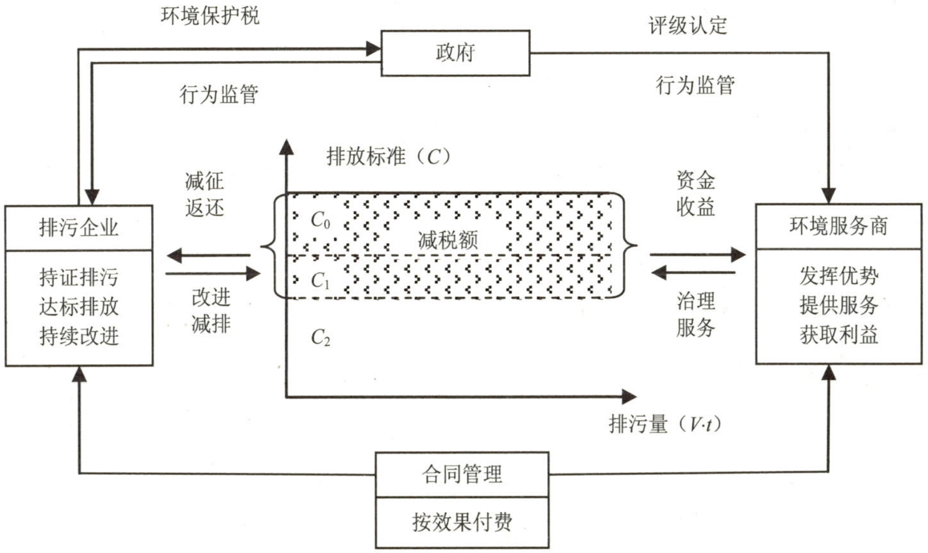

图 4-5　环境保护税税收减免和合同环境服务概念模型

图 4-5 为排污企业减税合同环境服务模式。排污企业通常要衡量治理投资成本与减税额来决策是否进行降低污染物浓度的治理，而往往企业会尽可能避免风险而选择仅满足国家排放标准的最低限额。合同环境服务模式则解决了这一问题，环境服务商为排污企业承担了技术风险和资金风险，调动了企业减排的积极性。环境服务商承担减排责任，通过技术支持降低污染物排放浓度达到税收优惠条件。企业得到减税额与环境服务商按一定比例分配，并按治理效果支付一部分节省下来的减排成本。政府通过对环境服务商的环保综合能力评级认定，

评估环境服务商的可靠性和专业性，并对环境服务商的排污进行监管，确保数据真实有效。

优惠为利润空间的合同环境服务模式将实施主体和责任主体的双方利益联结在一起，有利于激励双方共同治理环境，推进环境治理技术创新，降低治理费用和提高边际收益。由更专业化、市场化的环境服务商决定治理技术、设备投资以及运行时间等治理行为，并根据治理效果获得利润，有利于发挥环境服务商的创新能力。但目前合同环境服务仍在发展初期，需要法律法规以及配套的政策驱动。

5

环境保护税征管存在的问题

5.1 复核的相关办法有待出台

《环境保护税法》规定了税务机关发现纳税人的纳税申报数据资料异常或者纳税人未按照规定期限办理纳税申报信息的，可以提请生态环境主管部门进行复核。但《环境保护税法实施条例》（以下简称《条例》）未对具体的复核程序和要求做进一步的规定。《条例》第二十二条对属于纳税人申报数据资料异常的情形进行了规定，即纳税人当期申报的应税污染物排放量与上一年同期相比明显偏低，且无正当理由；纳税人单位产品污染物排放量与同类型纳税人相比明显偏低，且无正当理由。但提请复核的具体尺度未做明确，以及此两种情形之外的可提请复核的情况不明确，这就给地方税务机关和环保部门在征管合作中造成了一些困惑。很多税务部门反映，虽然2018年1月环境保护税开征之前两个部门进行了互派学习等，但是移交税务部门之后，双方协调性差。目前已有部分省份税务机关和生态环境部门联合出台了有关复核的相关通知，但是从全国层面上来看，复核规范化的问题仍亟待解决。

5.2 优惠政策力度有待加强

排污费改税后，法律刚性增强，对企业的激励作用也更明显，尤其是减税优惠政策的激励作用。但是目前《环境保护税法》规定了两档减税优惠，跨度较大，激励引导作用不够充分，且减征的数额相对投入来讲相差很大，激励效果不明显，需要研究制定更有效的激励措施。当企业满足最高档优惠时（排放浓度低于标准的50%）或低于标准浓度但不满足第一档优惠浓度（排放浓度低于标准的30%）时，优惠激励效果失效。此外，与国际上通用的直接税减免、投资税抵免、加速折旧、补贴返还等措施相比，仍有改进空间。目前两档税收优惠不适用于所有企业，增加减税优惠档位可以充分发挥环境保护税的激励作用，使更多的企业通过采取进一步的减排措施享受减税优惠。

5.3 污染当量值需要研究更新

目前环境保护税法沿用的污染当量值是 20 世纪 90 年代研究确定的，经过 20 多年的发展，环保技术大大进步，污染治理成本发生了很大变化，监测、检测能力也得到了很大发展，同时也出现了新的需要管控的污染物，因此亟须对污染当量值重新进行研究更新和完善。比如，由于对污染物毒性的认识以及控制要求不断变化，一些污染物的当量值已经呈现不合理性，如氯乙烯和苯都属于明确致癌物，在欧洲毒性分级标准中水平相当，但氯乙烯当量值 0.55、苯当量值 0.05，相差 10 倍；光气比氰化氢毒性更强，对其应控制更加严格[①]。

5.4 VOCs 没有被纳入环境保护税征收范围

环境保护税由排污收费改革而来，但却未将 VOCs 排污收费试点纳入费改税框架，VOCs 不在环境保护税征收范围。VOCs 排放对环境危害很大，是导致 $PM_{2.5}$ 污染的重要根源，是高浓度 O_3 形成的

① 周扬胜，张国宁. 关于环境保护税法（草案）几个问题的探讨[J]. 中国环境管理，2016（6）：38-42.

重要原因。我国 VOCs 污染防控政策体系还比较薄弱，亟待完善 VOCs 污染控制体系，综合运用多种手段开展 VOCs 污染防控工作。将 VOCs 纳入环境保护税是加强 VOCs 污染防控的迫切需要，是促进企业污染治理和弥补环境外部性的长效经济手段。同时，配合排污许可证制度、总量控制、重点行业 VOCs 综合治理等政策手段，推进相关法规和标准的制定和健全，带动 VOCs 监测监控体系建设，全面建立起 VOCs 污染防控政策和技术体系，发挥政策合力作用，共同推进 VOCs 污染治理和减排。

5.5 环境保护税法及其实施条例在操作层面还需要进一步细化

目前国家和有关部门已经发布了一批有关环境保护税的法规、文件（见表 1-1），使环境保护税的实施更加具有可操作性，但是仍然存在一些具体问题需要明确。如“其他生产经营者”的具体范围包括哪些？固体废物存贮、处置和综合利用的相关环境法规和标准有哪些，如何认定综合利用？2018 年 1 月 1 日之前产生并贮存的固体废物，贮存场所不符合环境保护标准的，是否应缴纳环境保护税？2018 年 1 月 1 日之前产生，但在之后进行利用、处置的固体废物，是否应纳入环境保护税征管范围？省级政府制定的规模化畜禽养殖场认定标准与《环境保护税法》附表二中规定的畜禽养殖场存栏规模的关系，起征点就高还是就低？对于因企业环境违法行为导致的征税数额调整，具体操作流程是怎样的？等等，这些问题需要通过发布文件或者统一培训的方式来使之清晰化，避免给纳税人带来困惑，避免各地税务机关在实际征收过程中因理解不同而造成执行中的不一致。

地方生态环境部门配套政策的出台也有待完善。根据环境保护税法和实施条例，省级人民政府根据本省情况制定大气污染物和水污染物的具体适用税额及每一排放口征收污染物项目数、其他固体废物的具体范围、养殖场的规模化标准、抽样测算方法。从税额标准来看，除了京津冀、上海、江苏、山东等地区税率较高外，其他省份的税率均为国家规定的最低限或者略高于最低限。各省均未增加同一排放口征收污染物项目数，也未确定本地区其他固体废物的具体范围，各地对抽样测算办法的发布情况也不乐观，不能满足环境保护税征收的需要，地方政府在发挥主观能动性方面还有待进一步提高。

5.6 企业申报规范性还不够

申报的环境保护税数据是否准确，方法的选择非常重要。根据《环境保护税法》及其实施条例的规定，应税污染物排放量有 4 种核算方法，并对其有着非常明确的适用顺序要求：首先适用符合规定的污染物自动监测设备数据；其次适用监测机构出具的符合有关规定的监测数据；再次适用排污系数和物料衡算方法计算；若以上条件均不符合，则最后适用省级环保部门规定的抽样测算核定计算方法。实践中，一些企业跳过前三种方法，直接向税务机关申请核定缴纳。此外，还有一些企业误以为以往征收排污费时期环保行政部门的核定方法可以直接等同于征收环境保护税后的核定方法，从而忽视自动监测或第三方机构监测方法，仍以之前环保行政部门核定的排污费结果申报。还有一些企业在申报时直接按照排污许可证上的信息填写，而排污许可证上的排污信息仅仅是环保部门对部分排污环节的监测结果，与税务机关要求的应税污染物数据并不匹配，很容易造成漏报。

5.7 培训和咨询服务有待进一步跟进

排污费由生态环境部门进行排放量和收费额核定，而环境保护税由纳税人自己计算、申报和缴纳，相当一部分纳税人并没有对这种征管方式的变化做好充分的准备。自从2016年12月《环境保护税法》颁布以来，社会各界对环境保护税的关注程度日益增加，由各类主体主办的不同形式的培训和宣传陆续展开，市场也开始布局环境保护税咨询服务业务，尤其是2017年下半年开始，纳税人了解环境保护税知识的意愿更加强烈，然而，培训和咨询、代理服务仍不能很好地满足市场需要。

6

促进环境保护税顺利征管的建议

6.1 推进地方税额标准制定衔接环境质量达标

目前大部分地区环境保护税税率远低于治理成本，而环境保护税标准改革力度不大。适当提高环境保护税税率，可以增加企业环境创新的动力，企业可以通过加大治理力度减少排污以及降低排放浓度享受到减税优惠政策。一是逐步推动环境质量较差且污染物排放较多的地区调整税额标准。各地应综合考虑环境承载能力、经济发展水平以及污染物排放状况来制定合理的税率，使税率向与环境质量、污染物排放量呈负相关，与经济发展状况呈正相关的方向靠拢。经济发展水平高但环境质量一般的地区（如浙江、安徽）可以适当提高环境保护税税额标准。环境质量较差、污染物排放较多且环境保护税还是最低标准的地区（如辽宁、陕西、安徽）可以提高税率至大气污染物征收标准为 2.4 元/污染当量、水污染物征收标准为 2.8 元/污染当量。二是按照“流域一盘棋”以及区域大气污染联防联控思路，针对跨省级流域以及大气重点防控区域建立环境保护税制协同机制。基于区域发展和环境经济学角度，协商设置与区域内生态环境建设责任相匹配的环境保护税额标准。

6.2 扩大税收优惠的激励作用

适当增加环境保护税减税优惠档位。目前两档税收优惠不适用于所有企业，当企业满足最高档优惠（排放浓度低于标准的 50%）或低于标准浓度但不满足第一档优惠浓度（排放浓度低于标准的 30%）时，优惠的激励效果失效。增加减税优惠档位可以充分发挥环境保护税的激励作用，使更多的企业通过采取进一步的减排措施来享受减税优惠。如纳税人排放应税大气污染物或水污染物的浓度值低于国家和地方规定的排放标准 70%的，减按 30%征收环境保护税。

此外，可以探索更多形式的优惠政策，如对采用先进工艺或治理技术的纳税人给予一定形式的税收优惠。采取税收优惠政策激励环境污染第三方治理，包括企业、园区污染减排等；推动税收优惠纳入合同环境服务模式，根据治理效果与环境服务商共享减税额，激励市场进行环境创新，先在重点行业推进，逐渐推广减税与合同环境服务模式。税收优惠与污染物排放浓度的监管密切相关，应严格执法，做好企业申报、环保监测、信息共享的征收工作，防止出现弄虚作假的行为。

6.3 强化税务和环保两部门的协作能力

一是针对环境保护税复核机制不完善问题，税务部门和环保部门应进一步加强合作，由国家层面发文明确复核的相关事项，规范和指导地方税务机关和环保部门顺利开展征管工作，完善环境保护税比对和复核机制。二是就环境保护税征收过程中遇到的问题，如固体废物、排污系数、抽样测算、污染当量值等问题，税务部门和环保部门应依职权及时发布文件予以明确或者及时组织力量开展相关研究工作。三是加强信息化建设，推动排污许可证、环境监测、监察执法、环境保护税征管数据的平台建设和信息公开，加强大数据应用，提高环境保护税征管效率。

6.4 结合环保工作需要，研究扩大环境保护税税目

充分考虑企业负担，发挥地方政府能动作用，在实践中逐渐调整和完善环境保护税征收范围。一是结合国家对 VOCs 的管控要求适时将 VOCs 纳入征收范围。VOCs 排污收费自 2015 年 10 月起在部分地区的部分行业开始试点，取得了良好效果，积累了一定的经验，可在适当时机将 VOCs 纳入环境保护税征收范围。二是可根据污染排放物的治理紧迫度与征收难度逐渐扩大征收范围。研究将二氧化碳、建筑噪声等纳入环境保护税征收范围。

6.5 加强对环境保护税实施效果的评估

环境保护税作为我国首个以环境保护为明确目标的独立税种，其计税依据的确定方法比较复杂，包括自动监测、手工监测、排污系数、物料衡算、抽样测算等，还涉及污染当量的概念，这造成征管模式比较复杂，需要税务和环保两个部门深度配合。因此应密切关注环境保护税实施情况，及时发现问题以及好的实践经验，适时采用相关措施改进环境保护税的征收管理政策。同时，环境保护税是基于行为激励的税种，需要进一步加强其基础科学研究，开展环境保护税实施

效果评估，通过政策设计优化，充分发挥环境保护税的激励作用。

6.6 纳税人应转变观念，积极应对环境保护税

首先，费改税大大提升了执法刚性，税务部门和生态环保部门通过建立涉税信息共享平台实现信息共享，纳税人应如实、科学地计算和申报环境保护税，不能抱侥幸心理；其次，环境保护税是一种激励型政策，其目标不是增加政府财政收入，而是调节企业的污染治理行为。纳税人少排少缴、不排不缴，大气污染物和水污染物的浓度值低于相应标准可以享受减税优惠，固体废物综合利用可以免税，因此纳税人应及时了解环境保护税征管政策及各地出台的相关法规，主动调整污染物排放和治理策略，尽可能争取减免税，并按期申报、缴纳环境保护税。计算、申报有困难的，可及时向专业的环境保护税咨询服务机构寻求咨询服务。

附　件

环境保护税相关法律法规文件

附件 1

中华人民共和国环境保护税法

《中华人民共和国环境保护税法》已由中华人民共和国第十二届全国人民代表大会常务委员会第二十五次会议于 2016 年 12 月 25 日通过，现予公布，自 2018 年 1 月 1 日起施行。

第一章　总　则

第一条　为了保护和改善环境，减少污染物排放，推进生态文明建设，制定本法。

第二条　在中华人民共和国领域和中华人民共和国管辖的其他海域，直接向环境排放应税污染物的企业事业单位和其他生产经营者为环境保护税的纳税人，应当依照本法规定缴纳环境保护税。

第三条　本法所称应税污染物，是指本法所附《环境保护税税目税额表》

《应税污染物和当量值表》规定的大气污染物、水污染物、固体废物和噪声。

第四条 有下列情形之一的，不属于直接向环境排放污染物，不缴纳相应污染物的环境保护税：

（一）企业事业单位和其他生产经营者向依法设立的污水集中处理、生活垃圾集中处理场所排放应税污染物的；

（二）企业事业单位和其他生产经营者在符合国家和地方环境保护标准的设施、场所贮存或者处置固体废物的。

第五条 依法设立的城乡污水集中处理、生活垃圾集中处理场所超过国家和地方规定的排放标准向环境排放应税污染物的，应当缴纳环境保护税。

企业事业单位和其他生产经营者贮存或者处置固体废物不符合国家和地方环境保护标准的，应当缴纳环境保护税。

第六条 环境保护税的税目、税额，依照本法所附《环境保护税税目税额表》执行。

应税大气污染物和水污染物的具体适用税额的确定和调整，由省、自治区、直辖市人民政府统筹考虑本地区环境承载能力、污染物排放现状和经济社会生态发展目标要求，在本法所附《环境保护税税目税额表》规定的税额幅度内提出，报同级人民代表大会常务委员会决定，并报全国人民代表大会常务委员会和国务院备案。

第二章 计税依据和应纳税额

第七条 应税污染物的计税依据，按照下列方法确定：

（一）应税大气污染物按照污染物排放量折合的污染当量数确定；

（二）应税水污染物按照污染物排放量折合的污染当量数确定；

（三）应税固体废物按照固体废物的排放量确定；

（四）应税噪声按照超过国家规定标准的分贝数确定。

第八条　应税大气污染物、水污染物的污染当量数，以该污染物的排放量除以该污染物的污染当量值计算。每种应税大气污染物、水污染物的具体污染当量值，依照本法所附《应税污染物和当量值表》执行。

第九条　每一排放口或者没有排放口的应税大气污染物，按照污染当量数从大到小排序，对前三项污染物征收环境保护税。

每一排放口的应税水污染物，按照本法所附《应税污染物和当量值表》，区分第一类水污染物和其他类水污染物，按照污染当量数从大到小排序，对第一类水污染物按照前五项征收环境保护税，对其他类水污染物按照前三项征收环境保护税。

省、自治区、直辖市人民政府根据本地区污染物减排的特殊需要，可以增加同一排放口征收环境保护税的应税污染物项目数，报同级人民代表大会常务委员会决定，并报全国人民代表大会常务委员会和国务院备案。

第十条　应税大气污染物、水污染物、固体废物的排放量和噪声的分贝数，按照下列方法和顺序计算：

（一）纳税人安装使用符合国家规定和监测规范的污染物自动监测设备的，按照污染物自动监测数据计算；

（二）纳税人未安装使用污染物自动监测设备的，按照监测机构出具的符合国家有关规定和监测规范的监测数据计算；

（三）因排放污染物种类多等原因不具备监测条件的，按照国务院环境保护主管部门规定的排污系数、物料衡算方法计算；

（四）不能按照本条第一项至第三项规定的方法计算的，按照省、自治区、直辖市人民政府环境保护主管部门规定的抽样测算的方法核定计算。

第十一条　环境保护税应纳税额按照下列方法计算：

（一）应税大气污染物的应纳税额为污染当量数乘以具体适用税额；

（二）应税水污染物的应纳税额为污染当量数乘以具体适用税额；

（三）应税固体废物的应纳税额为固体废物排放量乘以具体适用税额；

（四）应税噪声的应纳税额为超过国家规定标准的分贝数对应的具体适用税额。

第三章　税收减免

第十二条　下列情形，暂予免征环境保护税：

（一）农业生产（不包括规模化养殖）排放应税污染物的；

（二）机动车、铁路机车、非道路移动机械、船舶和航空器等流动污染源排放应税污染物的；

（三）依法设立的城乡污水集中处理、生活垃圾集中处理场所排放相应应税污染物，不超过国家和地方规定的排放标准的；

（四）纳税人综合利用的固体废物，符合国家和地方环境保护标准的；

（五）国务院批准免税的其他情形。

前款第五项免税规定，由国务院报全国人民代表大会常务委员会备案。

第十三条　纳税人排放应税大气污染物或者水污染物的浓度值低于国家和地方规定的污染物排放标准百分之三十的，减按百分之七十五征收环境保护税。纳税人排放应税大气污染物或者水污染物的浓度值低于国家和地方规定的污染物排放标准百分之五十的，减按百分之五十征收环境保护税。

第四章　征收管理

第十四条　环境保护税由税务机关依照《中华人民共和国税收征收管理法》和本法的有关规定征收管理。

环境保护主管部门依照本法和有关环境保护法律法规的规定负责对污染物的监测管理。

县级以上地方人民政府应当建立税务机关、环境保护主管部门和其他相关单位分工协作工作机制，加强环境保护税征收管理，保障税款及时足额入库。

第十五条　环境保护主管部门和税务机关应当建立涉税信息共享平台和工作配合机制。

环境保护主管部门应当将排污单位的排污许可、污染物排放数据、环境违法和受行政处罚情况等环境保护相关信息，定期交送税务机关。

税务机关应当将纳税人的纳税申报、税款入库、减免税额、欠缴税款以及风险疑点等环境保护税涉税信息，定期交送环境保护主管部门。

第十六条　纳税义务发生时间为纳税人排放应税污染物的当日。

第十七条　纳税人应当向应税污染物排放地的税务机关申报缴纳环境保护税。

第十八条　环境保护税按月计算，按季申报缴纳。不能按固定期限计算缴纳的，可以按次申报缴纳。

纳税人申报缴纳时，应当向税务机关报送所排放应税污染物的种类、数量，大气污染物、水污染物的浓度值，以及税务机关根据实际需要要求纳税人报送的其他纳税资料。

第十九条　纳税人按季申报缴纳的，应当自季度终了之日起十五日内，向税务机关办理纳税申报并缴纳税款。纳税人按次申报缴纳的，应当自纳税义务发生之日起十五日内，向税务机关办理纳税申报并缴纳税款。

纳税人应当依法如实办理纳税申报，对申报的真实性和完整性承担责任。

第二十条　税务机关应当将纳税人的纳税申报数据资料与环境保护主管部门交送的相关数据资料进行比对。

税务机关发现纳税人的纳税申报数据资料异常或者纳税人未按照规定期限办理纳税申报的，可以提请环境保护主管部门进行复核，环境保护主管部门应当自收到税务机关的数据资料之日起十五日内向税务机关出具复核意见。税务机关应当按照环境保护主管部门复核的数据资料调整纳税人的应纳税额。

第二十一条　依照本法第十条第四项的规定核定计算污染物排放量的，由税务机关会同环境保护主管部门核定污染物排放种类、数量和应纳税额。

第二十二条 纳税人从事海洋工程向中华人民共和国管辖海域排放应税大气污染物、水污染物或者固体废物，申报缴纳环境保护税的具体办法，由国务院税务主管部门会同国务院海洋主管部门规定。

第二十三条 纳税人和税务机关、环境保护主管部门及其工作人员违反本法规定的，依照《中华人民共和国税收征收管理法》《中华人民共和国环境保护法》和有关法律法规的规定追究法律责任。

第二十四条 各级人民政府应当鼓励纳税人加大环境保护建设投入，对纳税人用于污染物自动监测设备的投资予以资金和政策支持。

第五章 附 则

第二十五条 本法下列用语的含义：

（一）污染当量，是指根据污染物或者污染排放活动对环境的有害程度以及处理的技术经济性，衡量不同污染物对环境污染的综合性指标或者计量单位。同一介质相同污染当量的不同污染物，其污染程度基本相当。

（二）排污系数，是指在正常技术经济和管理条件下，生产单位产品所应排放的污染物量的统计平均值。

（三）物料衡算，是指根据物质质量守恒原理对生产过程中使用的原料、生产的产品和产生的废物等进行测算的一种方法。

第二十六条 直接向环境排放应税污染物的企业事业单位和其他生产经营者，除依照本法规定缴纳环境保护税外，应当对所造成的损害依法承担责任。

第二十七条 自本法施行之日起，依照本法规定征收环境保护税，不再征收排污费。

第二十八条 本法自 2018 年 1 月 1 日起施行。

附表一：

环境保护税税目税额表

<table>
<tr><th colspan="2">税目</th><th>计税单位</th><th>税额</th><th>备注</th></tr>
<tr><td colspan="2">大气污染物</td><td>污染当量</td><td>1.2～12 元</td><td></td></tr>
<tr><td colspan="2">水污染物</td><td>污染当量</td><td>1.4～14 元</td><td></td></tr>
<tr><td rowspan="4">固体废物</td><td>煤矸石</td><td>t</td><td>5 元</td><td></td></tr>
<tr><td>尾矿</td><td>t</td><td>15 元</td><td></td></tr>
<tr><td>危险废物</td><td>t</td><td>1 000 元</td><td></td></tr>
<tr><td>冶炼渣、粉煤灰、炉渣、其他固体废物（含半固态、液态废物）</td><td>t</td><td>25 元</td><td></td></tr>
<tr><td rowspan="6">噪声</td><td rowspan="6">工业噪声</td><td>超标 1～3 dB</td><td>每月 350 元</td><td rowspan="6">1. 一个单位边界上有多处噪声超标，根据最高一处超标声级计算应纳税额；当沿边界长度超过 100 m 有两处以上噪声超标，按照两个单位计算应纳税额。
2. 一个单位有不同地点作业场所的，应当分别计算应纳税额，合并计征。
3. 昼、夜均超标的环境噪声，昼、夜分别计算应纳税额，累计计征。
4. 声源一个月内超标不足 15 天的，减半计算应纳税额。
5. 夜间频繁突发和夜间偶然突发厂界超标噪声，按等效声级和峰值噪声两种指标中超标分贝值高的一项计算应纳税额</td></tr>
<tr><td>超标 4～6 dB</td><td>每月 700 元</td></tr>
<tr><td>超标 7～9 dB</td><td>每月 1 400 元</td></tr>
<tr><td>超标 10～12 dB</td><td>每月 2 800 元</td></tr>
<tr><td>超标 13～15 dB</td><td>每月 5 600 元</td></tr>
<tr><td>超标 16 dB 以上</td><td>每月 11 200 元</td></tr>
</table>

附表二：

应税污染物和当量值表

一、第一类水污染物污染当量值

污染物	污染当量值/kg
1. 总汞	0.000 5
2. 总镉	0.005
3. 总铬	0.04
4. 六价铬	0.02
5. 总砷	0.02
6. 总铅	0.025
7. 总镍	0.025
8. 苯并[*a*]芘	0.000 000 3
9. 总铍	0.01
10. 总银	0.02

二、第二类水污染物污染当量值

污染物	污染当量值/kg	备注
11. 悬浮物（SS）	4	同一排放口中的化学需氧量、生化需氧量和总有机碳，只征收一项
12. 生化需氧量（BOD_5）	0.5	
13. 化学需氧量（COD_{Cr}）	1	
14. 总有机碳（TOC）	0.49	
15. 石油类	0.1	

污染物	污染当量值/kg	备注
16. 动植物油	0.16	
17. 挥发酚	0.08	
18. 总氰化物	0.05	
19. 硫化物	0.125	
20. 氨氮	0.8	
21. 氟化物	0.5	
22. 甲醛	0.125	
23. 苯胺类	0.2	
24. 硝基苯类	0.2	
25. 阴离子表面活性剂（LAS）	0.2	
26. 总铜	0.1	
27. 总锌	0.2	
28. 总锰	0.2	
29. 彩色显影剂（CD-2）	0.2	
30. 总磷	0.25	
31. 单质磷（以 P 计）	0.05	
32. 有机磷农药（以 P 计）	0.05	
33. 乐果	0.05	
34. 甲基对硫磷	0.05	
35. 马拉硫磷	0.05	
36. 对硫磷	0.05	
37. 五氯酚及五氯酚钠（以五氯酚计）	0.25	
38. 三氯甲烷	0.04	
39. 可吸附有机卤化物（AOX）（以 Cl 计）	0.25	

污染物	污染当量值/kg	备注
40. 四氯化碳	0.04	
41. 三氯乙烯	0.04	
42. 四氯乙烯	0.04	
43. 苯	0.02	
44. 甲苯	0.02	
45. 乙苯	0.02	
46. 邻-二甲苯	0.02	
47. 对-二甲苯	0.02	
48. 间-二甲苯	0.02	
49. 氯苯	0.02	
50. 邻二氯苯	0.02	
51. 对二氯苯	0.02	
52. 对硝苯氯苯	0.02	
53. 2,4-二硝基氯苯	0.02	
54. 苯酚	0.02	
55. 间-甲酚	0.02	
56. 2,4-二氯酚	0.02	
57. 2,4,6-三氯酚	0.02	
58. 邻苯二甲酸二丁酯	0.02	
59. 邻苯二甲酸二辛酯	0.02	
60. 丙烯腈	0.125	
61. 总硒	0.02	

三、pH 值、色度、大肠菌群数、余氯量水污染物污染当量值

污染物		污染当量值	备注
1. pH	1. 0～1，13～14	0.06 t 污水	pH 5～6 指大于等于 5，小于 6；pH 值 9～10 指大于 9，小于等于 10，其余类推
	2. 1～2，12～13	0.125 t 污水	
	3. 2～3，11～12	0.25 t 污水	
	4. 3～4，10～11	0.5 t 污水	
	5. 4～5，9～10	1 t 污水	
	6. 5～6	5 t 污水	
2. 色度		5 t 水·倍	
3. 大肠菌群数（超标）		3.3 t 污水	大肠菌群数和余氯量只征收一项
4. 余氯量（用氯消毒的医院废水）		3.3 t 污水	

四、禽畜养殖业、小型企业和第三产业水污染物污染当量值（本表仅适用于计算无法进行实际监测或者物料衡算的禽畜养殖业、小型企业和第三产业等小型排污者的水污染物污染当量数）

类型		污染当量值	备注
禽畜养殖场	1. 牛	0.1 头	仅对存栏规模大于 50 头牛、500 头猪、5 000 羽鸡鸭等的禽畜养殖场征收
	2. 猪	1 头	
	3. 鸡、鸭等家禽	30 羽	
4. 小型企业		1.8 t 污水	
5. 饮食娱乐服务业		0.5 t 污水	
6. 医院	消毒	0.14 床	医院病床数大于 20 张的按照本表计算污染当量数
		2.8 t 污水	
	不消毒	0.07 床	
		1.4 t 污水	

五、大气污染物污染当量值

污染物	污染当量值/kg
1. 二氧化硫	0.95
2. 氮氧化物	0.95
3. 一氧化碳	16.7
4. 氯气	0.34
5. 氯化氢	10.75
6. 氟化物	0.87
7. 氰化物	0.005
8. 硫酸雾	0.6
9. 铬酸雾	0.000 7
10. 汞及其化合物	0.000 1
11. 一般性粉尘	4
12. 石棉尘	0.53
13. 玻璃棉尘	2.13
14. 碳黑尘	0.59
15. 铅及其化合物	0.02
16. 镉及其化合物	0.03
17. 铍及其化合物	0.000 4
18. 镍及其化合物	0.13
19. 锡及其化合物	0.27
20. 烟尘	2.18
21. 苯	0.05
22. 甲苯	0.18
23. 二甲苯	0.27
24. 苯并[*a*]芘	0.000 002

污染物	污染当量值/kg
25. 甲醛	0.09
26. 乙醛	0.45
27. 丙烯醛	0.06
28. 甲醇	0.67
29. 酚类	0.35
30. 沥青烟	0.19
31. 苯胺类	0.21
32. 氯苯类	0.72
33. 硝基苯	0.17
34. 丙烯腈	0.22
35. 氯乙烯	0.55
36. 光气	0.04
37. 硫化氢	0.29
38. 氨	9.09
39. 三甲胺	0.32
40. 甲硫醇	0.04
41. 甲硫醚	0.28
42. 二甲二硫	0.28
43. 苯乙烯	25
44. 二硫化碳	20

附件2

中华人民共和国环境保护税法实施条例

中华人民共和国国务院令　第693号

现公布《中华人民共和国环境保护税法实施条例》，自2018年1月1日起施行。

第一章　总　则

第一条　根据《中华人民共和国环境保护税法》（以下简称环境保护税法），制定本条例。

第二条　环境保护税法所附《环境保护税税目税额表》所称其他固体废物的具体范围，依照环境保护税法第六条第二款规定的程序确定。

第三条　环境保护税法第五条第一款、第十二条第一款第三项规定的城乡污水集中处理场所，是指为社会公众提供生活污水处理服务的场所，不包括为工业园区、开发区等工业聚集区域内的企业事业单位和其他生产经营者提供污水处理服务的场所，以及企业事业单位和其他生产经营者自建自用的污水处理场所。

第四条　达到省级人民政府确定的规模标准并且有污染物排放口的畜禽养殖场，应当依法缴纳环境保护税；依法对畜禽养殖废弃物进行综合利用和无害化处理的，不属于直接向环境排放污染物，不缴纳环境保护税。

第二章　计税依据

第五条　应税固体废物的计税依据，按照固体废物的排放量确定。固体废物的排放量为当期应税固体废物的产生量减去当期应税固体废物的贮存量、处置量、综合利用量的余额。

前款规定的固体废物的贮存量、处置量，是指在符合国家和地方环境保护标准的设施、场所贮存或者处置的固体废物数量；固体废物的综合利用量，是指按照国务院发展改革、工业和信息化主管部门关于资源综合利用要求以及国家和地方环境保护标准进行综合利用的固体废物数量。

第六条　纳税人有下列情形之一的，以其当期应税固体废物的产生量作为固体废物的排放量：

（一）非法倾倒应税固体废物；

（二）进行虚假纳税申报。

第七条　应税大气污染物、水污染物的计税依据，按照污染物排放量折合的污染当量数确定。

纳税人有下列情形之一的，以其当期应税大气污染物、水污染物的产生量作为污染物的排放量：

（一）未依法安装使用污染物自动监测设备或者未将污染物自动监测设备与环境保护主管部门的监控设备联网；

（二）损毁或者擅自移动、改变污染物自动监测设备；

（三）篡改、伪造污染物监测数据；

（四）通过暗管、渗井、渗坑、灌注或者稀释排放以及不正常运行防治污染设施等方式违法排放应税污染物；

（五）进行虚假纳税申报。

第八条　从两个以上排放口排放应税污染物的，对每一排放口排放的应税污染物分别计算征收环境保护税；纳税人持有排污许可证的，其污染物排放口按照排污许可证载明的污染物排放口确定。

第九条　属于环境保护税法第十条第二项规定情形的纳税人，自行对污染物进行监测所获取的监测数据，符合国家有关规定和监测规范的，视同环境保护税法第十条第二项规定的监测机构出具的监测数据。

第三章　税收减免

第十条　环境保护税法第十三条所称应税大气污染物或者水污染物的浓度值，是指纳税人安装使用的污染物自动监测设备当月自动监测的应税大气污染物浓度值的小时平均值再平均所得数值或者应税水污染物浓度值的日平均值再平均所得数值，或者监测机构当月监测的应税大气污染物、水污染物浓度值的平均值。

依照环境保护税法第十三条的规定减征环境保护税的，前款规定的应税大气污染物浓度值的小时平均值或者应税水污染物浓度值的日平均值，以及监测机构当月每次监测的应税大气污染物、水污染物的浓度值，均不得超过国家和地方规定的污染物排放标准。

第十一条　依照环境保护税法第十三条的规定减征环境保护税的，应当对每一排放口排放的不同应税污染物分别计算。

第四章　征收管理

第十二条　税务机关依法履行环境保护税纳税申报受理、涉税信息比对、组织税款入库等职责。

环境保护主管部门依法负责应税污染物监测管理，制定和完善污染物监测规范。

第十三条　县级以上地方人民政府应当加强对环境保护税征收管理工作的领导，及时协调、解决环境保护税征收管理工作中的重大问题。

第十四条　国务院税务、环境保护主管部门制定涉税信息共享平台技术标准以及数据采集、存储、传输、查询和使用规范。

第十五条　环境保护主管部门应当通过涉税信息共享平台向税务机关交送在环境保护监督管理中获取的下列信息：

（一）排污单位的名称、统一社会信用代码以及污染物排放口、排放污染物种类等基本信息；

（二）排污单位的污染物排放数据（包括污染物排放量以及大气污染物、水污染物的浓度值等数据）；

（三）排污单位环境违法和受行政处罚情况；

（四）对税务机关提请复核的纳税人的纳税申报数据资料异常或者纳税人未按照规定期限办理纳税申报的复核意见；

（五）与税务机关商定交送的其他信息。

第十六条 税务机关应当通过涉税信息共享平台向环境保护主管部门交送下列环境保护税涉税信息：

（一）纳税人基本信息；

（二）纳税申报信息；

（三）税款入库、减免税额、欠缴税款以及风险疑点等信息；

（四）纳税人涉税违法和受行政处罚情况；

（五）纳税人的纳税申报数据资料异常或者纳税人未按照规定期限办理纳税申报的信息；

（六）与环境保护主管部门商定交送的其他信息。

第十七条 环境保护税法第十七条所称应税污染物排放地是指：

（一）应税大气污染物、水污染物排放口所在地；

（二）应税固体废物产生地；

（三）应税噪声产生地。

第十八条 纳税人跨区域排放应税污染物，税务机关对税收征收管辖有争议的，由争议各方按照有利于征收管理的原则协商解决；不能协商一致的，报请共同的上级税务机关决定。

第十九条 税务机关应当依据环境保护主管部门交送的排污单位信息进

行纳税人识别。

在环境保护主管部门交送的排污单位信息中没有对应信息的纳税人，由税务机关在纳税人首次办理环境保护税纳税申报时进行纳税人识别，并将相关信息交送环境保护主管部门。

第二十条 环境保护主管部门发现纳税人申报的应税污染物排放信息或者适用的排污系数、物料衡算方法有误的，应当通知税务机关处理。

第二十一条 纳税人申报的污染物排放数据与环境保护主管部门交送的相关数据不一致的，按照环境保护主管部门交送的数据确定应税污染物的计税依据。

第二十二条 环境保护税法第二十条第二款所称纳税人的纳税申报数据资料异常，包括但不限于下列情形：

（一）纳税人当期申报的应税污染物排放量与上一年同期相比明显偏低，且无正当理由；

（二）纳税人单位产品污染物排放量与同类型纳税人相比明显偏低，且无正当理由。

第二十三条 税务机关、环境保护主管部门应当无偿为纳税人提供与缴纳环境保护税有关的辅导、培训和咨询服务。

第二十四条 税务机关依法实施环境保护税的税务检查，环境保护主管部门予以配合。

第二十五条 纳税人应当按照税收征收管理的有关规定，妥善保管应税污染物监测和管理的有关资料。

第五章 附 则

第二十六条 本条例自2018年1月1日起施行。2003年1月2日国务院公布的《排污费征收使用管理条例》同时废止。

附件3

财政部、税务总局、环境保护部
关于全面做好环境保护税法实施准备工作的通知

（财税〔2017〕62号）

各省、自治区、直辖市、计划单列市财政厅（局）、地方税务局、环境保护厅（局），西藏自治区、宁夏回族自治区国家税务局，新疆生产建设兵团财务局：

十二届全国人大常委会第二十五次会议于2016年12月25日通过了《中华人民共和国环境保护税法》（以下简称环境保护税法），国家主席习近平签署第六十一号主席令予以公布，自2018年1月1日起施行。为确保环境保护税法顺利实施，财政部会同税务总局、环境保护部起草了环境保护税法实施条例，目前正在向社会公开征求意见。各省（区、市）也在积极开展配套措施办法的研究制定和征管准备工作。为推动各地更好地开展环境保护税法实施前期准备工作，现就有关事项通知如下：

一、加强组织领导，确保工作扎实推进。依据环境保护税法，各地要建立地方人民政府领导下的多部门协作工作机制。财政部门牵头会同税务、环境保护部门加强环境保护税法实施工作的统筹协调和部署推动，及时跟踪工作进展，研究解决重点难点问题。税务、环境保护部门要认真履行环境保护税法明确的征收管理职责，细化任务分工、密切沟通协作、强化日常工作配合。通过加强各层级、各有关部门工作协同配合，形成上下联动、各司其职、齐抓共管的良好局面，确保环境保护税法实施工作顺利启动、平稳推进。

二、抓紧落实税法授权事项，制定相关配套办法。依照环境保护税法第六条和第九条的规定，各省级财政部门要会同同级税务、环境保护部门在调查测算、

研究论证的基础上，抓紧提出本地区应税大气污染物和水污染物的具体适用税额，以及需要增加同一排放口应税污染物项目数等建议，并上报省级人民政府，履行法定报批程序。相关工作确保于2017年年底前完成。同时依照环境保护税法第十条和第二十一条的规定，省级环境保护部门应结合本地实际情况制定应税污染物排放量抽样测算方法，省级税务部门要制定核定征收的具体办法，并于2017年年底前出台并向社会公布。省级财政、税务和环境保护部门要将本地区确定的应税大气污染物和水污染物具体适用税额、增加同一排放口应税污染物项目数以及出台的相关配套办法，及时报送财政部、税务总局和环境保护部。

三、摸清税源底数，及时交接档案资料。地方各级税务部门要抓紧组织开展环境保护税税源调查，全面摸清本地区应税污染物排放种类和数量，深入分析本地区排污费征收情况，掌握税源底数。各省级环境保护部门与税务部门要做好排污费数据等档案资料的交接工作，抓紧商定交接方案，明确交接档案资料范围、内容、方式、责任和期限等。交接的档案资料应包括2016年以来排污费缴纳单位基本信息、污染物排放数据、排污量核算方法、排污许可证发放信息、排污费征收数据等。对地方各级环境保护部门保存的排污费征缴原始档案资料、污染物排放监测数据、排污单位环境违法处罚信息等，税务部门可以根据工作需要进行查阅、复制。地方各级环境保护部门应于2017年9月底前将2016年及2017年上半年排污费征收数据等资料信息移交给同级税务部门，于2018年3月底前将2017年全年排污费征收数据等资料信息移交给同级税务部门。地方各级税务部门要根据环境保护部门移交的档案资料，对纳税人信息进行比对、核实，初步识别环境保护税的纳税人，并建立税源数据库。

四、开发建设税收征管系统，实现涉税信息共享。环境保护税核心征管软件纳入税务总局金税三期系统进行统一开发建设。各省级税务部门要协同环境保护部门做好环境保护税网报系统等本地个性化需求的开发工作，并按照税务总局部署，及时完成核心征管系统本地参数配置和系统测试工作。税务总局和环境保护部将共同开发建设数据信息交换和共享平台，明确涉税信息交换的数据项、交换频率、数据格式和文书样式。各省级税务部门和环境保护部门要按照税务总局、环境保护部的统一要求，组织安装信息共享平台，及时做好数据交换、比对、复核以及本地参数调整等信息系统测试工作，确保信息共享平台运转顺利。鼓励有条件的基层税务部门联合同级环境保护部门研究建立涉税信息横向交换、共享机制，探索实现信息高效交换、共享的途径和方法。

五、加强培训辅导，做好税法宣传贯彻工作。各省级财政、税务、环境保护部门要发挥各自优势，相互支持配合，共同做好环境保护税法学习培训，帮助基层财政、税务、环境保护部门工作人员尽快熟悉税法内容、把握具体工作要求。地方各级税务部门要联合环境保护部门提前开展纳税人辅导，采取集中培训、分类培训、重点辅导等多种形式，确保纳税人掌握税收政策和纳税申报要求。各级财政、税务、环境保护部门要广泛运用广播电视、报刊、网络等传媒，全方位、多视角、分层级宣传环境保护税法，加强税法内容解读，回应社会关切，调动社会各界支持税法实施、参与生态环境保护的积极性和主动性，为开征环境保护税创造良好舆论环境。

环境保护税法是党的十八届三中全会明确落实税收法定原则的第一部税法。公布实施环境保护税法，对于加强我国环境保护、推进生态文明建设、推动形成绿色发展方式和生活方式，具有十分重要的意义。环境保护税法的实施涉及面广、专业性强、社会关注度高、工作任务繁重，各地区、各有关部门要提高认识，切实增强责任感、紧迫感和大局意识，积极主动作为，按照法治精神扎实做好环境保护税法实施各项准备工作，确保税法平稳顺利实施。

财政部

税务总局

环境保护部

2017 年 7 月 21 日

附件4

国务院关于环境保护税收入归属问题的通知

（国发〔2017〕56号）

各省、自治区、直辖市人民政府，国务院各部委、各直属机构：

《中华人民共和国环境保护税法》已由第十二届全国人民代表大会常务委员会第二十五次会议于2016年12月25日通过，自2018年1月1日起施行。《中华人民共和国环境保护税法》第二条规定，在中华人民共和国领域和中华人民共和国管辖的其他海域，直接向环境排放应税污染物的企业事业单位和其他生产经营者为环境保护税的纳税人，应当依法缴纳环境保护税。为促进各地保护和改善环境、增加环境保护投入，国务院决定，环境保护税全部作为地方收入。

国务院

2017年12月22日

附件5

环境保护部关于发布计算污染物排放量的排污系数和物料衡算方法的公告

（环境保护部公告　2017年　第81号）

为贯彻落实《中华人民共和国环境保护税法》有关要求，进一步明确污染物排放量计算方法，我部制订了《纳入排污许可管理的火电等17个行业污染物排放量计算方法（含排污系数、物料衡算方法）（试行）》《未纳入排污许可管理行业适用的排污系数、物料衡算方法（试行）》，现予发布。

一、纳入排污许可管理的火电等 17 个行业排污单位，适用《纳入排污许可管理的火电等 17 个行业污染物排放量计算方法（含排污系数、物料衡算方法）（试行）》。

二、未纳入排污许可管理的锡矿采选业等行业排污单位，适用《未纳入排污许可管理行业适用的排污系数、物料衡算方法（试行）》。

三、除前两项外其他行业排污单位的污染物排放量计算方法，由各省级环境保护主管部门参考《关于排污申报与排污费征收有关问题的通知》（环办〔2014〕80 号）等排污费征收相关规定，按照科学合理原则制定，并报我部备案。

特此公告。

附件：

1. 纳入排污许可管理的火电等 17 个行业污染物排放量计算方法（含排污系数、物料衡算方法）（试行）（略）

2. 未纳入排污许可管理行业适用的排污系数、物料衡算方法（试行）（略）

附件 6

财政部　国家发展改革委　环境保护部　国家海洋局
关于停征排污费等行政事业性收费有关事项的通知

（财税〔2018〕4 号）

各省、自治区、直辖市、计划单列市财政厅（局）、发展改革委、物价局、环境保护厅（局）、海洋与渔业厅（局），新疆生产建设兵团财政局：

为做好排污费改税政策衔接工作，根据《中华人民共和国环境保护税法》《行政事业性收费项目审批管理暂行办法》（财综〔2004〕100 号）、《财政部关于印发〈政府非税收入管理办法〉的通知》（财税〔2016〕33 号）等有关规定，现就停征排污费等行政事业性收费有关事项通知如下：

一、自 2018 年 1 月 1 日起，在全国范围内统一停征排污费和海洋工程污水排污费。其中，排污费包括：污水排污费、废气排污费、固体废物及危险废物排污费、噪声超标排污费和挥发性有机物排污收费；海洋工程污水排污费包括：生产污水与机舱污水排污费、钻井泥浆与钻屑排污费、生活污水排污费和生活垃圾排污费。

二、各执收部门要继续做好 2018 年 1 月 1 日前排污费和海洋工程污水排污费征收工作，抓紧开展相关清算、追缴，确保应收尽收。排污费和海洋工程污水排污费的清欠收入，按照财政部门规定的渠道全额上缴中央和地方国库。

三、各执收部门要按规定到财政部门办理财政票据缴销手续。

四、自停征排污费和海洋工程污水排污费之日起，《财政部　国家发展改革委　国家环境保护总局关于减免及缓缴排污费等有关问题的通知》（财综〔2003〕38 号）、《财政部　国家发展改革委　环境保护部关于印发〈挥发性有机物排污收费试点办法〉的通知》（财税〔2015〕71 号）、《财政部　国家计委关于批准收取海洋工程污水排污费的复函》（财综〔2003〕2 号）等有关文件同时废止。

附件 7

国家税务总局
关于发布《环境保护税纳税申报表》的公告

（国家税务总局公告　2018 年　第 7 号）

为贯彻落实《中华人民共和国环境保护税法》及其实施条例，现将《环境保护税纳税申报表》予以发布，有关事项公告如下：

《环境保护税纳税申报表》分为 A 类申报表与 B 类申报表。A 类申报表（附件 1）包括 1 张主表和 5 张附表，适用于通过自动监测、监测机构监测、排污系数和物料衡算法计算污染物排放量的纳税人，享受减免税优惠的纳税人还需要填报减免税相关附表进行申报。B 类申报表（附件 2）适用于除 A 类申报之外的其他纳税人，包括按次申报的纳税人。

首次申报环境保护税的纳税人应同时填报《环境保护税基础信息采集表》（附件 3），包括 1 张主表和 4 张附表，用于采集纳税人与环境保护税相关的基础信息。纳税人与环境保护税相关的基础信息发生变化的，应及时向主管税务机关办理变更手续。

本公告自发布之日起施行。

特此公告。

附件：1. 环境保护税纳税申报表（A 类）（略）

2. 环境保护税纳税申报表（B 类）（略）

3. 环境保护税基础信息采集表（略）

国家税务总局

2018 年 1 月 27 日

附件 8

财政部　税务总局　生态环境部关于环境保护税有关问题的通知

（财税〔2018〕23 号）

各省、自治区、直辖市、计划单列市财政厅（局）、国家税务局、地方税务局、环境保护厅（局）：

根据《中华人民共和国环境保护税法》及其实施条例的规定，现就环境保护税征收有关问题通知如下：

一、关于应税大气污染物和水污染物排放量的监测计算问题

纳税人委托监测机构对应税大气污染物和水污染物排放量进行监测时，其当月同一个排放口排放的同一种污染物有多个监测数据的，应税大气污染物按照监测数据的平均值计算应税污染物的排放量；应税水污染物按照监测数据以流量为权的加权平均值计算应税污染物的排放量。在环境保护主管部门规定的监测时限内当月无监测数据的，可以跨月沿用最近一次的监测数据计算应税污染物排放量。纳入排污许可管理行业的纳税人，其应税污染物排放量的监测计算方法按照排污许可管理要求执行。

因排放污染物种类多等原因不具备监测条件的，纳税人应当按照《关于发布计算污染物排放量的排污系数和物料衡算方法的公告》（环境保护部公告 2017 年　第 81 号）的规定计算应税污染物排放量。其中，相关行业适用的排污系数方法中产排污系数为区间值的，纳税人结合实际情况确定具体适用的产排污系数值；纳入排污许可管理行业的纳税人按照排污许可证的规定确定。生

态环境部尚未规定适用排污系数、物料衡算方法的，暂由纳税人参照缴纳排污费时依据的排污系数、物料衡算方法及抽样测算方法计算应税污染物的排放量。

二、关于应税水污染物污染当量数的计算问题

应税水污染物的污染当量数，以该污染物的排放量除以该污染物的污染当量值计算。其中，色度的污染当量数，以污水排放量乘以色度超标倍数再除以适用的污染当量值计算。畜禽养殖业水污染物的污染当量数，以该畜禽养殖场的月均存栏量除以适用的污染当量值计算。畜禽养殖场的月均存栏量按照月初存栏量和月末存栏量的平均数计算。

三、关于应税固体废物排放量计算和纳税申报问题

应税固体废物的排放量为当期应税固体废物的产生量减去当期应税固体废物贮存量、处置量、综合利用量的余额。纳税人应当准确计量应税固体废物的贮存量、处置量和综合利用量，未准确计量的，不得从其应税固体废物的产生量中减去。纳税人依法将应税固体废物转移至其他单位和个人进行贮存、处置或者综合利用的，固体废物的转移量相应计入其当期应税固体废物的贮存量、处置量或者综合利用量；纳税人接收的应税固体废物转移量，不计入其当期应税固体废物的产生量。纳税人对应税固体废物进行综合利用的，应当符合工业和信息化部制定的工业固体废物综合利用评价管理规范。

纳税人申报纳税时，应当向税务机关报送应税固体废物的产生量、贮存量、处置量和综合利用量，同时报送能够证明固体废物流向和数量的纳税资料，包括固体废物处置利用委托合同、受委托方资质证明、固体废物转移联单、危险废物管理台账复印件等。有关纳税资料已在环境保护税基础信息采集表中采集且未发生变化的，纳税人不再报送。纳税人应当参照危险废物台账管理要求，建立其他应税固体废物管理台账，如实记录产生固体废物的种类、数量、流向

以及贮存、处置、综合利用、接收转入等信息，并将应税固体废物管理台账和相关资料留存备查。

四、关于应税噪声应纳税额的计算问题

应税噪声的应纳税额为超过国家规定标准分贝数对应的具体适用税额。噪声超标分贝数不是整数值的，按四舍五入取整。一个单位的同一监测点当月有多个监测数据超标的，以最高一次超标声级计算应纳税额。声源一个月内累计昼间超标不足15昼或者累计夜间超标不足15夜的，分别减半计算应纳税额。

附件9

《工业固体废物资源综合利用评价管理暂行办法》和《国家工业固体废物资源综合利用产品目录》

（工业和信息化部公告　2018年　第26号）

工业固体废物资源综合利用评价管理暂行办法

第一章　总　则

第一条　为促进工业绿色发展、推动工业固体废物资源综合利用，依据《中华人民共和国固体废物污染环境防治法》《中华人民共和国循环经济促进法》《中华人民共和国清洁生产促进法》《中华人民共和国环境保护税法》《中华人民共和国环境保护税法实施条例》等法律法规，制定本办法。

第二条　本办法旨在建立科学规范的工业固体废物资源综合利用评价机

制，引导企业积极主动开展工业固体废物资源综合利用。

第三条　在中华人民共和国境内开展工业固体废物资源综合利用评价，适用于本办法。

第四条　本办法所指工业固体废物资源综合利用评价是指对开展工业固体废物资源综合利用的企业所利用的工业固体废物种类、数量进行核定，对综合利用的技术条件和要求进行符合性判定的活动。

第五条　评价工作按照自愿原则，公平、公正、公开地开展评价活动。

第六条　工业和信息化主管部门依据本办法管理工业固体废物资源综合利用评价，促进工业固体废物资源综合利用产业规范化、绿色化、规模化发展。

第七条　开展工业固体废物资源综合利用评价的企业，可依据评价结果，按照《财政部　税务总局　生态环境部关于环境保护税有关问题的通知》和有关规定，申请暂予免征环境保护税，以及减免增值税、所得税等相关产业扶持优惠政策。

第二章　管理机制

第八条　国家建立统一的工业固体废物资源综合利用评价制度，实行统一的国家工业固体废物资源综合利用产品目录（以下简称目录）。

第九条　工业和信息化部负责制定、发布目录。通过目录引导企业不断提高资源综合利用技术水平，提升综合利用产品质量，促进绿色生产和绿色消费。目录包括工业固体废物种类、综合利用产品、综合利用技术条件和要求等内容。工业和信息化部根据工业固体废物资源综合利用技术发展水平、综合利用产品市场应用情况、产品目录的实施情况等适时调整目录。

第十条　工业固体废物资源综合利用评价机构（以下简称评价机构）依据目录开展工业固体废物资源综合利用评价。

第十一条 评价机构是指开展工业固体废物资源综合利用评价的第三方机构。列入推荐名单的评价机构应具备以下条件：

（一）独立法人，在资源综合利用评估、评价、技术服务等相关领域具有一年以上业务经验，熟悉相关产业政策、标准和规范；

（二）从事资源综合利用的专职人员不少于8人，从事专业包括资源、环境、财会等，评价机构人员遵守国家法律法规，有良好的职业道德；

（三）建立严格的管理制度，包括机构管理制度、评价工作规程、评价人员管理制度、专家审议制度等；

（四）与委托评价的单位在产品技术开发、生产、销售等方面不存在利益关系；

（五）省级工业和信息化主管部门规定的其他条件。

第十二条 省级工业和信息化主管部门负责发布评价机构推荐名单，并建立动态调整机制。各地应根据本区域工业固体废物种类和数量，严格评价机构推荐程序，合理确定评价机构数量，并将评价机构推荐名单报工业和信息化部备案。

第十三条 评价机构依据本办法及省级工业和信息化主管部门发布的实施细则等开展工业固体废物资源综合利用评价，出具工业固体废物资源综合利用评价报告。评价机构对评价报告负责，并承担责任，接受监督。

第十四条 工业和信息化部组织成立由行业有关专家组成的工业固体废物资源综合利用技术委员会（以下简称技术委员会）。技术委员会负责协调工业固体废物资源综合利用评价过程中的重大技术问题，提出目录调整建议，对相关标准制订、信息统计等工作提供技术支撑。

第三章 评价程序

第十五条 企业自愿开展工业固体废物资源综合利用评价。

第十六条　开展工业固体废物资源综合利用评价的企业应向评价机构提交以下资料：

（一）企业营业执照复印件；

（二）企业近两年生产经营情况说明（包括但不限于企业基本情况、经营规模、综合利用工业固体废物种类、产品产量、年产值等）；

（三）工业固体废物产生、采购（或接收）、消耗、库存及产品生产、出库、外销的相关报表；

（四）工业固体废物原料掺量证明材料；

（五）产品标准及工艺技术说明；

（六）产品质量检测报告；

（七）质量、环境管理体系，物质计量统计体系等相关管理体系建设情况；

（八）需要的其他证明材料。

第十七条　评价机构对企业提交的资料进行完整性和准确性审查，对企业生产过程与提交资料的一致性进行现场核查，确定综合利用工业固体废物的种类和数量。

第十八条　评价机构的评价内容包括：

（一）企业生产工艺、技术是否符合产业政策、技术规范；

（二）企业综合利用的工业固体废物种类、产品是否符合目录要求；

（三）企业是否建立质量保证体系、环境管理体系；

（四）企业物质计量统计体系建设情况是否满足对工业固体废物资源综合利用量的核算要求；

（五）工业固体废物资源综合利用量的物料衡算过程是否准确；

（六）需要评价的其他情况。

第十九条　评价机构根据资料审查和现场核查情况向企业出具评价报告，作为企业工业固体废物资源综合利用的评价结果。评价报告内容主要包括企业基本情况，工艺技术介绍，计量统计体系建设情况，产品质量控制情况，企业自身产生的工业固体废物分种类的综合利用量、企业接收的工业固体废物分种类的综合利用量及相关的物料衡算过程，存在问题及建议等。

第二十条 列入推荐名单的评价机构应按照相关政策制定并公开工业固体废物资源综合利用评价收费标准。

第二十一条 评价机构应在评价报告完成后三十日内，将评价报告报被评价企业所在地县级以上工业和信息化主管部门备案。县级以上工业和信息化主管部门在其网站上按下列项目予以公布：企业名称、工业固体废物综合利用的种类与数量、综合利用产品名称、评价机构名称。

第四章 监督管理

第二十二条 工业和信息化部负责对全国工业固体废物资源综合利用评价工作进行指导和管理。

第二十三条 省级工业和信息化主管部门负责监督管理本辖区工业固体废物资源综合利用评价工作，依据本办法制定实施细则。

第二十四条 省级工业和信息化主管部门加强对评价机构的监督管理。有下列情况之一的，应从评价机构推荐名单中予以删除：

（一）申请列入评价机构推荐名单时提供虚假资料、信息的；

（二）评价过程中提供虚假资料、信息，造成评价报告严重失实的；

（三）不能保证评价工作质量的；

（四）不接受监督管理的；

（五）其他违背诚实信用原则的。

第二十五条 省级工业和信息化主管部门应建立统一的省级信息管理系统，并逐步接入工业和信息化部信息管理系统。按季度对本辖区综合利用的工业固体废物种类、综合利用量、综合利用产值、减免税额等进行汇总，自季度终了三十日内报工业和信息化部。每年 3 月 31 日前将上一年度综合利用情况形成报告报工业和信息化部。

第二十六条 任何组织和个人发现工业固体废物资源综合利用评价中的违法违规行为，有权向当地工业和信息化主管部门或相关部门举报。

第二十七条 对工业固体废物资源综合利用评价活动中的违法行为依照相关法律、行政法规和部门规章等予以处罚。

第五章 附 则

第二十八条 本办法自发布之日起施行。

《国家工业固体废物资源综合利用产品目录》

工业固体废物种类	序号	综合利用产品	综合利用技术条件和要求
一、煤矸石	1.1	水泥、水泥熟料	1. 煤矸石综合利用符合《煤矸石综合利用管理办法》（2014 年修订版）和《煤矸石利用技术导则》（GB/T 29163）的要求； 2. 产品符合《通用硅酸盐水泥》（GB 175）、《硅酸盐水泥熟料》（GB/T 21372）等标准； 3. 产品符合《建筑材料放射性核素限量》（GB 6566）
	1.2	建筑砂石骨料（含机制砂）	1. 煤矸石综合利用符合《煤矸石综合利用管理办法》（2014 年修订版）和《煤矸石利用技术导则》（GB/T 29163）的要求； 2. 产品符合《建设用砂》（GB/T 14684）、《建设用卵石、碎石》（GB/T 14685）、《混凝土和砂浆用再生细骨料》（GB/T 25176）、《混凝土用再生粗骨料》（GB/T 25177）等标准； 3. 产品符合《建筑材料放射性核素限量》（GB 6566）； 4. 企业建设符合《机制砂石骨料工厂设计规范》（GB 51186）等要求

工业固体废物种类	序号	综合利用产品	综合利用技术条件和要求
一、煤矸石	1.3	砖瓦、砌块、陶粒制品、板材、管材（管桩）、混凝土、砂浆、井盖、防火材料、耐火材料（镁铬砖除外）、保温材料、微晶材料、泡沫陶瓷、高岭土	1. 煤矸石综合利用符合《煤矸石综合利用管理办法》（2014 年修订版）和《煤矸石利用技术导则》（GB/T 29163）的要求； 2. 产品符合《烧结普通砖》（GB/T 5101）、《烧结空心砖和空心砌块》（GB/T 13545）、《烧结保温砖和砌块》（GB 26538）、《烧结多孔砖和烧结多孔砌块》（GB/T 13544）、《烧结装饰砖》（GB/T 32982）、《烧结路面砖》（GB/T 26001）、《建筑用轻质隔墙条板》（GB/T 23451—2009）、《烧结瓦》（GB/T 21149）、《烧结装饰板》（GB/T 30018）、《轻集料及其试验方法》（GB/T 17431.1）、《复合保温砖和复合保温砌块》（GB/T 29060）、《轻集料混凝土小型空心砌块》（GB/T 15229）、《蒸压加气混凝土砌块》（GB 11968）、《蒸压加气混凝土板》（GB 15762）、《粉煤灰混凝土小型空心砌块》（JC/T 862）、《混凝土实心砖》（GB/T 21144）、《非承重混凝土空心砖》（GB/T 24492）、《承重混凝土多孔砖》（GB 25779）、《混凝土路面砖》（GB 28635）、《透水路面砖和透水路面板》（GB/T 25993）、《干垒挡土墙用混凝土砌块》（JC/T 2094）、《钢筋陶粒混凝土轻质墙板》（JC/T 2214）、《先张法预应力混凝土管桩》（GB/T 13476）、《预拌混凝土》（GB/T 14902）、《预拌砂浆》（GB/T 25181）、《建筑保温砂浆》（GB/T 20473）、《钢纤维混凝土检查井盖》（GB/T 26537）、《防火封堵材料》（GB 23864）、《耐磨耐火材料》（GB/T 23294）、《烧结保温砖和保温砌块》（GB/T 26538）、《微晶玻璃陶瓷复合砖》（JC/T 994）、《外墙外保温泡沫陶瓷》（GB/T 33500）、《高岭土及其试验方法》（GB/T 14563）等标准； 3. 产品符合《建筑材料放射性核素限量》（GB 6566）

工业固体废物种类	序号	综合利用产品	综合利用技术条件和要求
一、煤矸石	1.4	矿（岩）棉	1. 煤矸石综合利用符合《煤矸石综合利用管理办法》（2014年修订版）和《煤矸石利用技术导则》（GB/T 29163—2012）的要求； 2. 产品符合《绝热用岩棉、矿渣棉及其制品》（GB/T 11835）、《建筑用岩棉绝热制品》（GB/T 19686）、《矿物棉装饰吸声板》（GB/T 25998）、《建筑外墙外保温用岩棉制品》（GB/T 25975）、《矿物棉喷涂绝热层》（GB/T 26746）、《吸声板用粒状棉》（JC/T 903）等标准； 3. 产品符合《建筑材料放射性核素限量》（GB 6566）
	1.5	电力、热力	煤矸石综合利用符合《煤矸石综合利用管理办法》（2014年修订版）和《煤矸石利用技术导则》（GB/T 29163）的要求
	1.6	陶瓷及陶瓷制品	1. 煤矸石综合利用符合《煤矸石综合利用管理办法》（2014年修订版）和《煤矸石利用技术导则》（GB/T 29163）的要求； 2. 产品符合《外墙外保温泡沫陶瓷》（GB/T 33500）、《卫生陶瓷》（GB/T 6952）、《陶瓷砖》（GB/T 4100）、《电子元器件结构陶瓷材料》（GB/T 5593）等标准； 3. 建材产品符合《建筑材料放射性核素限量》（GB 6566）
	1.7	土壤调理剂	1. 煤矸石综合利用符合《煤矸石综合利用管理办法》（2014年修订版）和《煤矸石利用技术导则》（GB/T 29163）的要求； 2. 产品符合《土壤调理剂通用要求》（NY/T 3034）、《高尔夫球场草坪专用肥和土壤调理剂》（HG/T 4136）等标准
	1.8	人工鱼礁	1. 煤矸石综合利用符合《煤矸石综合利用管理办法》（2014年修订版）和《煤矸石利用技术导则》（GB/T 29163）的要求； 2. 产品建设符合《人工鱼礁建设技术规范》

工业固体废物种类	序号	综合利用产品	综合利用技术条件和要求
二、尾矿	2.1	金属及非金属精矿	产品符合《铁矿石产品等级的划分》（GB/T 32545）、《铜精矿》（YS/T 318）、《直接法氧化锌》（GB/T 3494）、《银精矿》（YS/T 433）、《氟碳铈矿-独居石混合精矿》（XB/T 102）、《氟碳铈镧矿精矿》（XB/T 103）、《独居石精矿》（XB/T 104）、《磷钇矿精矿》（XB/T 105）、《钴精矿》（YS/T 30）、《硫精矿》（YB/T 733）等标准且满足下游企业对产品的成分要求
	2.2	建筑砂石骨料（含机制砂）	1. 铁尾矿砂符合《铁尾矿砂》（GB/T 31288）的规定，其他尾矿砂符合《建设用砂》（GB/T 14684）、《水泥混凝土用机制砂》（JT/T 819）等标准； 2. 产品符合《建筑材料放射性核素限量》（GB 6566）的要求； 3. 企业建设符合《机制砂石骨料工厂设计规范》等要求
	2.3	尾矿微粉	1. 产品符合《用于水泥和混凝土中的铁尾矿粉》（YB/T 4561）等标准； 2. 产品符合《建筑材料放射性核素限量》（GB 6566）
	2.4	水泥、水泥熟料	1. 产品符合《通用硅酸盐水泥》（GB 175）、《硅酸盐水泥熟料》（GB/T 21372）等标准； 2. 产品符合《建筑材料放射性核素限量》（GB 6566）
	2.5	砖瓦、砌块、陶粒制品、板材、管材（管桩）、混凝土、砂浆、井盖、防火材料、耐火材料（镁铬砖除外）、保温材料、微晶材料、泡沫陶瓷	1. 产品符合《烧结普通砖》（GB/T 5101）、《烧结保温砖和砌块》（GB 26538）、《烧结空心砖和空心砌块》（GB/T 13545）、《普通混凝土小型砌块》（GB/T 8239）、《复合保温砖和复合保温砌块》（GB/T 29060）、《轻集料及其试验方法》（GB/T 17431.1）、《混凝土路面砖》（GB 28635）、《蒸压灰砂砖》（GB/T 11945）、《再生骨料地面砖和透水砖》（CJ/T 400）、《植草砖》（NY/T 1253—2006）、《非承重混凝土空心砖》（GB/T 24492）、《装饰混凝土砌块》（GB/T 641）、《装饰混凝土砖》（GB/T 24493）、《承重混凝土多孔砖》（GB 25779）、《混凝土路面砖》（GB 28635）、《轻集料混凝土小型空心砌块》

工业固体废物种类	序号	综合利用产品	综合利用技术条件和要求
二、尾矿	2.5	砖瓦、砌块、陶粒制品、板材、管材（管桩）、混凝土、砂浆、井盖、防火材料、耐火材料（镁铬砖除外）、保温材料、微晶材料、泡沫陶瓷	（GB 15229）、《粉煤灰混凝土小型空心砌块》（JC/T 862）、《混凝土实心砖》（GB/T 21144）、《透水路面砖和透水路面板》（GB/T 25993）、《干垒挡土墙用混凝土砌块》（JC/T 2094）、《蒸压加气混凝土砌块》（GB 11968）、《蒸压加气混凝土板》（GB 15762）、《钢筋陶粒混凝土轻质墙板》（JC/T 2214）、《建筑用轻质隔墙条板》（GB/T 23451）、《陶瓷砖》（GB/T 4100）、《陶粒加气混凝土砌块》（JG/T 504）、《陶粒滤料》（QB/T 4383）、《水处理用人工陶粒滤料》（CJ/T 299）和《压裂用陶粒支撑剂技术要求》（Q/SH 0051）、《钢筋陶粒混凝土轻质墙板》（JC/T 2214）、《先张法预应力混凝土管桩》（GB/T 13476）、《预拌混凝土》（GB/T 14902）、《预拌砂浆》（GB/T 25181）、《建筑保温砂浆》（GB/T 20473）、《钢纤维混凝土检查井盖》（GB/T 26537）、《防火封堵材料》（GB 23864）、《耐磨耐火材料》（GB/T 23294）、《微晶玻璃陶瓷复合砖》（JC/T 994）、《外墙外保温泡沫陶瓷》（GB/T 33500）等标准； 2. 产品符合《建筑材料放射性核素限量》（GB 6566）
	2.6	陶瓷及其制品	1. 产品符合《外墙外保温泡沫陶瓷》（GB/T 33500）、《卫生陶瓷》（GB/T 6952）、《陶瓷砖》（GB/T 4100）、《电子元器件结构陶瓷材料》（GB/T 5593）等标准； 2. 建材产品符合《建筑材料放射性核素限量》（GB 6566）
	2.7	矿（岩）棉	1. 产品符合《绝热用岩棉、矿渣棉及其制品》（GB/T 11835）、《建筑用岩棉绝热制品》（GB/T 19686）、《矿物棉装饰吸声板》（GB/T 25998）、《建筑外墙外保温用岩棉制品》（GB/T 25975）、《矿物棉喷涂绝热层》（GB/T 26746）、《吸声板用粒状棉》（JC/T 903）等标准； 2. 建材产品符合《建筑材料放射性核素限量》（GB 6566）

工业固体废物种类	序号	综合利用产品	综合利用技术条件和要求
二、尾矿	2.8	人工鱼礁	产品符合《人工鱼礁建设技术规范》
	2.9	土壤调理剂	产品符合《土壤调理剂　通用要求》（NY/T 3034）、《高尔夫球场草坪专用肥和土壤调理剂》（HG/T 4136）等标准
三、冶炼渣（不含危险废物）	3.1	金属精矿	产品符合《铁矿石产品等级的划分》（GB/T 32545）、《转底炉法冶金尘泥金属化球团》（YB/T 4272）、《锰系铁合金粉尘冷压复合球团技术规范》（GB/T 32787）、《钢铁工业含铁尘泥回收及利用技术规范》（GB/T 28292）、《铜精矿》（YS/T 318）、《银精矿》（YS/T 433）、《烧结用磁选渣钢粉》（GB/T 30897）、《冶金炉料用钢渣》（YB/T 802—2009）、《氟碳铈矿-独居石混合精矿》（XB/T 102）、《氟碳铈镧矿精矿》（XB/T 103）、《独居石精矿》（XB/T 104）、《磷钇矿精矿》（XB/T 105）、《钴精矿》（YS/T 301）等标准且满足下游企业对产品的成分要求
	3.2	金属	产品符合《冶炼用精选粒铁》（GB/T 30899）、《钢铁工业含铁尘泥回收及利用技术规范》（GB/T 28292）、《转底炉法粗锌粉》（YB/T 4271）、《锌锭》（GB/T 470）、《锌粉》（GB/T 6890）、《银锭》（GB/T 4135）、《铟锭》（YS/T 257）、《金属镧》（GB/T 15677）、《金属铈》（GB/T 31978）、《金属钕》（GB/T 9967）、《金属镝》（GB/T 15071）、《金属镨》（GB/T 19395）、《金属铽》（GB/T 20893）、《金属钆》（XB/T212）、《金属钇》（XB/T 218）等标准且满足下游企业对产品的成分要求
	3.3	金属合金	产品符合《冰铜》（YS/T 921）、《粗铜》（YS/T 70）、《铜铟镓硒合金粉》（YS/T 1155）、《稀土硅铁合金》（GB/T 4137）、《镨钕合金》（GB/T 20892）、《镧镁合金》（GB/T 29915）、

工业固体废物种类	序号	综合利用产品	综合利用技术条件和要求
三、冶炼渣（不含危险废物）	3.3	金属合金	《钕镁合金》（GB/T 28400）、《钆镁合金》（GB/T 26414）、《镝铁合金》（GB/T 26415）、《钇镁合金》（GB/T 29657）、《钇铝合金》（GB/T 31966）、《钆铁合金》（XB/T 403）等标准且满足下游企业对产品的成分要求
	3.4	金属化合物	产品符合《直接法氧化锌》（GB/T 3494）、《氧化铝》（GB/T 24487）、《氧化镧》（GB/T 4154）、《氧化铈》（GB/T 4155）、《氧化镨》（GB/T 5239）、《氧化钕》（GB/T 5240）、《碳酸铈》（GB/T 16661）、《氟化镨钕》（GB/T 23590）、《镨钕氧化物》（GB/T 31965）、《氟化钕》（XB/T 214）、《硝酸铈》（XB/T 219）、《氢氧化铈》（XB/T 222）、《氟化镧》（XB/T 223）等标准且满足下游企业对产品的成分要求
	3.5	矿渣粉、矿物掺合料	1. 产品符合《矿物掺和料应用技术规范》（GB/T 51003）、《用于水泥中的粒化高炉矿渣》（GB/T 203）、《用于水泥、砂浆和混凝土中的粒化高炉矿渣粉》（GB/T 18046）、《用于水泥中的钢渣》（YB/T 022）、《用于水泥和混凝土中的精炼渣粉》（GB/T 33813）、《用于水泥和混凝土中的钢渣粉》（GB/T 20491）、《钢渣复合料》（GB/T 28294）、《钢铁渣粉》（GB/T 28293）、《道路用钢渣》（GB/T 25824）、《钢渣混合料路面基层施工技术规程》（YB/T 4184）、《用于水泥和混凝土中的硅锰渣粉》（YB/T 4229）等标准； 2. 产品符合《建筑材料放射性核素限量》（GB 6566）
	3.6	建筑砂石骨料（含机制砂）	1. 产品符合《建设用砂》（GB/T 14684）、《用于混凝土中的高炉水淬矿渣砂技术规程》（YB/T 4405）等标准； 2. 企业建设符合《机制砂石骨料工厂设计规范》等要求

工业固体废物种类	序号	综合利用产品	综合利用技术条件和要求
三、冶炼渣（不含危险废物	3.7	水泥、水泥熟料	1. 产品符合《钢渣硅酸盐水泥》（GB 13590）、《通用硅酸盐水泥》（GB 175）、《硅酸盐水泥熟料》（GB/T 21372）、《低热钢渣硅酸盐水泥》（JC/T 1082）、《钢渣砌筑水泥》（JC/T 1090）及其他水泥产品等标准； 2. 钢渣作为原料应满足《用于水泥中的钢渣》（YB/T 022）； 3. 产品符合《建筑材料放射性核素限量》（GB 6566）； 4. 水泥生产满足《水泥窑协同处置固体废物技术规范》（GB 30760）的要求
	3.8	矿（岩）棉	1. 产品符合《绝热用岩棉、矿渣棉及其制品》（GB/T 11835）、《建筑用岩棉绝热制品》（GB/T 19686）、《矿物棉装饰吸声板》（GB/T 25998）、《建筑外墙外保温用岩棉制品》（GB/T 25975）、《矿物棉喷涂绝热层》（GB/T 26746）、《吸声板用粒状棉》（JC/T 903）等标准； 2. 产品符合《建筑材料放射性核素限量》（GB 6566）
	3.9	砖瓦、砌块、陶粒制品、板材、管材（管桩）、混凝土、矿物掺合料、砂浆、井盖、防火材料、耐火材料（镁铬砖除外）、保温材料、微晶材料、泡沫陶瓷	1. 产品符合《烧结普通砖》（GB/T 5101）、《烧结保温砖和砌块》（GB 26538）、《混凝土实心砖》（GB/T 21144）、《非承重混凝土空心砖》（GB/T 24492）、《装饰混凝土砖》（GB/T 24493）、《承重混凝土多孔砖》（GB 25779）、《混凝土路面砖》（GB 28635）、《透水路面砖和透水路面板》（GB/T 25993）、《烧结空心砖和空心砌块》（GB/T 13545）、《烧结多孔砖和多孔砌块》（GB/T 13544）、《蒸压灰砂砖》（GB/T 11945）、《普通混凝土小型砌块》（GB/T 8239）、《植草砖》（NY/T 1253）、《蒸压泡沫混凝土砖和砌块》（GB/T 29062）、《轻集料及其试验方法》（GB/T 17431.1）、《复合保温砖和复合保温砌块》

工业固体废物种类	序号	综合利用产品	综合利用技术条件和要求
三、冶炼渣（不含危险废物	3.9	砖瓦、砌块、陶粒制品、板材、管材（管桩）、混凝土、矿物掺合料、砂浆、井盖、防火材料、耐火材料（镁铬砖除外）、保温材料、微晶材料、泡沫陶瓷	（GB/T 29060）、《轻集料混凝土小型空心砌块》（GB 15229）、《粉煤灰混凝土小型空心砌块》（JC/T 862）、《装饰混凝土砌块》（JC/T 641）、《干垒挡土墙用混凝土砌块》（JC/T 2094）、《蒸压加气混凝土砌块》（GB 11968）、《蒸压加气混凝土板》（GB 15762）、《陶粒滤料》（QB/T 4383）、《陶粒加气混凝土砌块》（JG/T 504）、《建筑用轻质隔墙条板》（GB/T 23451）、《水处理用人工陶粒滤料》（CJ/T 299）、《压裂用陶粒支撑剂技术要求》（Q/SH 0051）、《钢筋陶粒混凝土轻质墙板》（JC/T 2214）、《先张法预应力混凝土管桩》（GB/T 13476）、《预拌混凝土》（GB/T 14902）、《矿物掺和料应用技术规范》（GB/T 51003）、《预拌砂浆》（GB/T 25181）、《建筑保温砂浆》（GB/T 20473）、《钢纤维混凝土检查井盖》（GB/T 26537）、《防火封堵材料》（GB 23864）、《耐磨耐火材料》（GB/T 23294）、《陶瓷砖》（GB/T 4100）、《微晶玻璃陶瓷复合砖》（JC/T 994）、《外墙外保温泡沫陶瓷》（GB/T 33500）、《纤维增强水泥外墙装饰挂板》（JC/T 2085）等标准； 2. 钢渣原料应符合《泡沫混凝土砌块用钢渣》（GB/T 24763）、《外墙外保温抹面砂浆和粘结砂浆用钢渣砂》（GB/T 24764）、《钢渣复合料》（GB/T 28294）、《混凝土用高炉重矿渣碎石》（YB/T 4178）、《普通预拌砂浆用钢渣砂》（YB/T 4201）、《混凝土多孔砖和路面砖用钢渣》（YB/T 4228）等标准； 3. 产品符合《建筑材料放射性核素限量》（GB 6566）
	3.10	烧结熔剂、烟气脱硫剂	产品符合《钢渣应用技术要求》（GB/T 32546）、《烧结熔剂用高钙脱硫渣》（GB/T 24184）等标准

工业固体废物种类	序号	综合利用产品	综合利用技术条件和要求
四、粉煤灰（不含危险废物）	4.1	粉煤灰超细粉、矿物掺合料	粉煤灰超细粉符合《用于水泥和混凝土中的粉煤灰》（GB 1596）、《矿物掺和料应用技术规范》（GB/T 51003）
	4.2	水泥、水泥熟料	1. 产品符合《通用硅酸盐水泥》（GB 175）、《硅酸盐水泥熟料》（GB/T 21372）及其他水泥产品等标准； 2. 产品符合《建筑材料放射性核素限量》（GB 6566）
	4.3	砖瓦、砌块、陶粒制品、板材、管材（管桩）、混凝土、矿物掺合料、砂浆、井盖、防火材料、耐火材料（镁铬砖除外）、保温材料、微晶材料	1. 原料符合《硅酸盐建筑制品用粉煤灰》（JC/T 409）； 2. 产品符合《烧结普通砖》（GB/T 5101）、《烧结空心砖和空心砌块》（GB/T 13545）、《烧结多孔砖和多孔砌块》（GB/T 13544）、《混凝土实心砖》（GB/T 21144）、《非承重混凝土空心砖》（GB/T 24492）、《装饰混凝土砖》（GB/T 24493）、《承重混凝土多孔砖》（GB 25779）、《普通混凝土小型砌块》（GB/T 8239）、《蒸压加气混凝土砌块》（GB 11968）、《蒸压加气混凝土板》（GB 15762）、《轻集料及其试验方法》（GB/T 17431.1）、《复合保温砖和复合保温砌块》（GB/T 29060）、《轻集料混凝土小型空心砌块》（GB 15229）、《粉煤灰混凝土小型空心砌块》（JC/T 862）、《装饰混凝土砌块》（JC/T 641）、《混凝土砌块（砖）砌体用灌孔混凝土》（JC 861）、《混凝土小型空心砌块和混凝土砖砌筑砂浆》（JC 860）、《混凝土路面砖》（GB 28635）、《透水路面砖和透水路面板》（GB/T 25993）、《干垒挡土墙用混凝土砌块》（JC/T 2094）、《钢筋陶粒混凝土轻质墙板》（JC/T 2214）、《先张法预应力混凝土管桩》（GB/T 13476）、《预拌混凝土》（GB/T 14902）、《预拌砂浆》（GB/T 25181）、《建筑保温砂浆》

工业固体废物种类	序号	综合利用产品	综合利用技术条件和要求
四、粉煤灰（不含危险废物）	4.3	砖瓦、砌块、陶粒制品、板材、管材（管桩）、混凝土、矿物掺合料、砂浆、井盖、防火材料、耐火材料（镁铬砖除外）、保温材料、微晶材料	（GB/T 20473）、《矿物掺和料应用技术规范》（GB/T 51003）、《钢纤维混凝土检查井盖》（GB/T 26537）、《防火封堵材料》（GB 23864）、《耐磨耐火材料》（GB/T 23294）、《烧结保温砖和保温砌块》（GB/T 26538）、《微晶玻璃陶瓷复合砖》（JC/T 994）、《外墙外保温泡沫陶瓷》（GB/T 33500）、《纤维增强水泥外墙装饰挂板》（JC/T 2085）、《蒸压粉煤灰砖》（JC/T 239）等标准； 3. 产品符合《建筑材料放射性核素限量》（GB 6566）
	4.4	氧化铝	产品符合《氧化铝》（GB/T 24487）
	4.5	氧化铁	产品符合《工业氧化铁》（HG/T 2574）
	4.6	金属、金属氧化物、稀土	产品符合《银锭》（GB/T 4135）、《氧化铝》（GB/T 24487）等标准且满足下游企业对产品的成分要求
	4.7	陶瓷及其制品	1. 产品符合《外墙外保温泡沫陶瓷》（GB/T 33500）、《卫生陶瓷》（GB/T 6952）、《陶瓷砖》（GB/T 4100）、《电子元器件结构陶瓷材料》（GB/T 5593）等标准； 2. 建材产品符合《建筑材料放射性核素限量》（GB 6566）
	4.8	白炭黑（填料）	产品符合《煤基橡胶填料技术条件》（MT/T 804）
	4.9	合成分子筛	产品符合《沸石分子筛动态二氧化碳吸附的测定》（HG/T 2691）
	4.10	粉煤灰复合高温陶瓷涂层	产品符合《热喷涂陶瓷涂层技术条件》（JB/T 7703）
	4.11	玻化微珠及其制品	1. 产品符合《膨胀玻化微珠》（JC/T 1042）、《膨胀玻化微珠保温隔热砂浆》（GB/T 26000）、《膨胀玻化微珠轻质砂浆》（JG/T 283）、《工程用中空玻璃微珠保温隔热材料》（JG/T 517）、《玻化微珠保温隔热砂浆应用技术规程》（JC/T 2164）等标准； 2. 产品符合《建筑材料放射性核素限量》（GB 6566）

工业固体废物种类	序号	综合利用产品	综合利用技术条件和要求
四、粉煤灰（不含危险废物）	4.12	水处理剂、燃煤烟气净化剂	产品符合《水处理剂用铝酸钙》（GB/T 29341）、《水处理剂 聚氯化铝》（GB/T 22627）、《水处理剂 氯化铝》（HG/T 3541）、《燃煤烟气脱硝技术装备》（GB/T 21509）等标准
	4.13	水玻璃	产品符合《砂型铸造用水玻璃》（JB/T 8835）
	4.14	氢氧化铝	产品符合《氢氧化铝》（GB/T 4294）
	4.15	土壤调理剂	产品符合《土壤调理剂通用要求》（NY/T 3034）
五、炉渣（不含危险废物）	5.1	水泥	1. 产品符合《通用硅酸盐水泥》（GB 175）、《硅酸盐水泥熟料》（GB/T 21372）及其他水泥产品等标准； 2. 产品符合《建筑材料放射性核素限量》（GB 6566）
	5.2	矿物掺合料	1. 产品符合《用于水泥和混凝土中的粉煤灰》（GB 1596）或《矿物掺和料应用技术规范》（GB/T 51003）； 2. 产品符合《建筑材料放射性核素限量》（GB 6566）
	5.3	建筑轻骨料	1. 产品符合《轻集料及其试验方法》（GB/T 17431.1）； 2. 产品符合《建筑材料放射性核素限量》（GB 6566）
	5.4	砖瓦、砌块、陶粒制品、板材、管材（管桩）、混凝土、砂浆、检查井盖、道路护栏、防火材料、耐火材料（镁铬砖除外）、保温材料、微晶材料、泡沫陶瓷	1. 原料符合《硅酸盐建筑制品用粉煤灰》（JC/T 409）； 2. 产品符合《烧结普通砖》（GB/T 5101）、《烧结空心砖和空心砌块》（GB/T 13545）、《普通混凝土小型砌块》（GB/T 8239）、《轻集料及其试验方法》（GB/T 17431.1）、《复合保温砖和复合保温砌块》（GB/T 29060）、《轻集料混凝土小型空心砌块》（GB 15229）、《粉煤灰混凝土小型空心砌块》（JC/T 862）、《混凝土实心砖》（GB/T 21144）、《非承重混凝土空心砖》（GB/T 24492）、《装饰混凝土砌块》（JC/T 641）、《装饰混凝土砖》（GB/T 24493）、《承重混凝土多孔砖》（GB 25779）、《混凝土路面砖》（GB 28635）、《透水路面砖和透水路面板》（GB/T 25993）、《蒸压加气混凝土砌块》（GB 11968）、《蒸压加气混凝土板》（GB 15762）、《干垒挡土墙用混凝土砌块》（JC/T 2094）、《钢筋陶

工业固体废物种类		序号	综合利用产品	综合利用技术条件和要求
五、炉渣（不含危险废物）		5.4	砖瓦、砌块、陶粒制品、板材、管材（管桩）、混凝土、砂浆、检查井盖、道路护栏、防火材料、耐火材料（镁铬砖除外）、保温材料、微晶材料、泡沫陶瓷	粒混凝土轻质墙板》（JC/T 2214）、《先张法预应力混凝土管桩》（GB/T 13476）、《预拌混凝土》（GB/T 14902）、《预拌砂浆》（GB/T 25181）、《建筑保温砂浆》（GB/T 20473）、《钢纤维混凝土检查井盖》（GB/T 26537）、《防火封堵材料》（GB 23864）、《耐磨耐火材料》（GB/T 23294）、《烧结保温砖和保温砌块》（GB/T 26538）、《微晶玻璃陶瓷复合砖》（JC/T 994）、《外墙外保温泡沫陶瓷》（GB/T 33500）、《蒸压粉煤灰砖》（JC/T 239）等标准； 3. 产品符合《建筑材料放射性核素限量》（GB 6566）
		5.5	矿（岩）棉	1. 产品符合《绝热用岩棉、矿渣棉及其制品》（GB/T 11835）或《建筑绝热用玻璃棉制品》（GB/T 17795）等标准； 2. 产品符合《建筑材料放射性核素限量》（GB 6566）
		5.6	滤料	产品符合《水处理用滤料》（CJ/T 43）
六、其他工业固体废物	6.1 工业副产石膏（不含危险废物）	6.1.1	水泥、水泥熟料	1. 原料符合《用于水泥中的工业副产石膏》（GB/T 21371）； 2. 产品符合《通用硅酸盐水泥》（GB 175）、《硅酸盐水泥熟料》（GB/T 21372）、《海工硅酸盐水泥》（GB/T 31289）及其他水泥产品等标准； 3. 产品符合《建筑材料放射性核素限量》（GB 6566）
		6.1.2	建筑石膏及制品	1. 产品符合《建筑石膏》（GB/T 9776）、《纸面石膏板》（GB/T 9775）、《装饰石膏板》（JC/T 799）、《石膏空心条板》（JC/T 829）、《石膏刨花板》（LY/T 1598）、《复合保温石膏板》（JC/T 2077）、《石膏砌块》（JC/T 698）、《抹灰石膏》（GB/T 28627）、《粘结石膏》（JC/T 1025）、《嵌缝石膏》（JC/T 2075）、《石膏装饰条》（JC/T 2078）、《广场用陶瓷砖》（GB/T 23458）、《活动地板基材用石膏纤维板》（LY/T 2372）、《木塑装饰板》（GB/T 24508）、《装饰纸面石膏板》（JC/T 997）、《吸声用穿孔石膏板》（JC/T 803）等标准； 2. 产品符合《建筑材料放射性核素限量》（GB 6566）

工业固体废物种类		序号	综合利用产品	综合利用技术条件和要求
六、其他工业固体废物	6.1 工业副产石膏（不含危险废物）	6.1.3	石膏模具、石膏芯模、陶瓷模用石膏粉	产品符合《卫生陶瓷生产用石膏模具》（JC/T 2119）、《首饰精密加工石膏模具》（QB/T 4723）、《现浇混凝土空心结构成孔芯模》（JG/T 352）、《陶瓷模用石膏粉》（QB/T 1639）等标准
		6.1.4	α型高强石膏粉及其制品	1. 产品符合《α型高强石膏》（JC/T 2038）、《石膏基自流平砂浆》（JC/T 1023）、《卫生陶瓷生产用石膏模具》（JC/T 2119）、《建筑石膏》（GB/T 9776）、《纸面石膏板》（GB/T 9775）、《装饰石膏板》（JC/T 799）、《石膏空心条板》（JC/T 829）、《石膏刨花板》（LY/T 1598）、《复合保温石膏板》（JC/T 2077）、《石膏砌块》
		6.1.4	α型高强石膏粉及其制品	（JC/T 698）、《抹灰石膏》（GB/T 28627）、《粘结石膏》（JC/T 1025）、《嵌缝石膏》（JC/T 2075）、《石膏装饰条》（JC/T 2078）、《广场用陶瓷砖》（GB/T 23458）、《活动地板基材用石膏纤维板》（LY/T 2372）、《木塑装饰板》（GB/T 24508）、《预制混凝土剪力墙外墙板》（15G365-1）、《预制混凝土剪力墙内墙板》（15G365-2）、《预制混凝土外墙挂板》（16J110-2、16G333）、《建筑用轻质隔墙条板》（GB/T 23451）等标准； 2. 产品符合《建筑材料放射性核素限量》（GB 6566）
		6.1.5	装配式墙板	1. 产品符合《预制混凝土剪力墙外墙板》（15G365-1）、《预制混凝土剪力墙内墙板》（15G365-2）、《预制混凝土外墙挂板》（16J110-2、16G333）、《建筑用轻质隔墙条板》（GB/T 23451）等标准； 2. 产品符合《建筑材料放射性核素限量》（GB 6566）
		6.1.6	轻质隔热砖	1. 产品符合《建筑材料及制品燃烧性能分级》（GB 8624）； 2. 产品符合《建筑材料放射性核素限量》（GB 6566）
		6.1.7	水泥添加剂（含水泥缓凝剂、水泥速凝剂等）	产品符合《建筑材料放射性核素限量》（GB 6566）

<table>
<tr><th colspan="2">工业固体废物种类</th><th>序号</th><th>综合利用产品</th><th>综合利用技术条件和要求</th></tr>
<tr><td rowspan="6">六、其他工业固体废物</td><td rowspan="4">6.1 工业副产石膏（不含危险废物）</td><td>6.1.8</td><td>活动地板基材用石膏纤维板</td><td>1. 产品符合《活动地板基材用石膏纤维板》（LY/T 2372）标准；
2. 产品符合《建筑材料放射性核素限量》（GB 6566）</td></tr>
<tr><td>6.1.9</td><td>工业硫酸、硫酸铵</td><td>1. 原料符合《烟气脱硫石膏》（JC/T 2074）标准；
2. 产品符合《工业硫酸》（GB/T 534）、《硫酸铵》（GB 535）等标准</td></tr>
<tr><td>6.1.10</td><td>土壤调理剂</td><td>产品符合《土壤调理剂　通用要求》（NY/T 3034）标准</td></tr>
<tr><td>6.1.11</td><td>抗旱石</td><td>产品符合《农林保水剂》（NY 886）标准</td></tr>
<tr><td rowspan="2">6.2 赤泥（不含危险废物）</td><td>6.2.1</td><td>砖瓦、砌块、陶粒、板材、管材（管桩）、混凝土、砂浆、井盖、防火材料、耐火材料（镁铬砖除外）、保温材料、矿（岩）棉、微晶材料、泡沫陶瓷</td><td>1. 产品符合《烧结普通砖》（GB/T 5101）、《烧结空心砖和空心砌块》（GB/T 13545）、《普通混凝土小型砌块》（GB/T 8239）、《钢筋陶粒混凝土轻质墙板》（JC/T 2214）、《陶粒滤料》（QB/T 4383）、《水处理用人工陶粒滤料》（CJ/T 299）和《压裂用陶粒支撑剂技术要求》（Q/SH　0051）、《先张法预应力混凝土管桩》（GB/T 13476）、《预拌混凝土》（GB/T 14902）、《预拌砂浆》（GB/T 25181）、《建筑保温砂浆》（GB/T 20473）、《钢纤维混凝土检查井盖》（GB/T 26537）、《防火封堵材料》（GB 23864）、《耐磨耐火材料》（GB/T 23294）、《烧结保温砖和保温砌块》（GB/T 26538）、《微晶玻璃陶瓷复合砖》（JC/T 994）、《外墙外保温泡沫陶瓷》（GB/T 33500）等标准；
2. 产品符合《建筑材料放射性核素限量》（GB 6566）</td></tr>
<tr><td>6.2.2</td><td>陶瓷及陶瓷制品</td><td>1. 产品符合《外墙外保温泡沫陶瓷》（GB/T 33500）、《卫生陶瓷》（GB/T 6952）、《陶瓷砖》（GB/T 4100）、《电子元器件结构陶瓷材料》（GB/T 5593）、《陶瓷砖》（GB/T 4100）、《陶粒加气混凝土砌块》（JG/T 504）等标准；
2. 建材产品符合《建筑材料放射性核素限量》（GB 6566）</td></tr>
</table>

工业固体废物种类		序号	综合利用产品	综合利用技术条件和要求
六、其他工业固体废物	6.2 赤泥（不含危险废物）	6.2.3	土壤调理剂	产品符合《土壤调理剂　通用要求》（NY/T 3034）等标准
		6.2.4	铁、铌、钪、钛	1. 赤泥选铁符合《赤泥中精选高铁砂技术规范》（YS/T 787）的要求； 2. 金属产品符合《冶炼用精选粒铁》（GB/T 30899）、《铌条》（GB/T 6896）、《金属钪》（GB/T 16476）等标准且满足下游企业对产品的成分要求
		6.2.5	脱硫剂、水处理剂、塑料填料	产品符合《燃煤烟气脱硝技术装备》（GB/T 21509）、《水处理剂　聚氯化铝》（GB/T 22627）、《塑料填料》（JB 5209）等标准
		6.2.6	水泥、水泥熟料	1. 产品符合《通用硅酸盐水泥》（GB175）、《硅酸盐水泥熟料》（GB/T 21372）及其他水泥产品等标准； 2. 产品符合《建筑材料放射性核素限量》（GB 6566）
	6.3 废石	6.3.1	建筑砂石骨料（含机制砂）、加气混凝土	1. 产品符合《建设用卵石、碎石》（GB/T 14685）、《建设用砂》（GB/T 14684）、《蒸压加气混凝土砌块》（GB 11968）、《蒸压加气混凝土板》（GB 15762）等标准； 2. 产品符合《建筑材料放射性核素限量》（GB 6566）； 3. 企业建设符合《机制砂石骨料工厂设计规范》（GB 51186）等要求
		6.3.2	合成石材	1. 产品符合《人造石》（JC/T 908）等标准； 2. 产品符合《建筑材料放射性核素限量》（GB 6566）
		6.3.3	水泥、水泥熟料	1. 产品符合《通用硅酸盐水泥》（GB 175）、《硅酸盐水泥熟料》（GB/T 21372）及其他水泥产品等标准； 2. 产品符合《建筑材料放射性核素限量》（GB 6566）

工业固体废物种类		序号	综合利用产品	综合利用技术条件和要求
六、其他工业固体废物	6.4 化工废渣（不含危险废物）	6.4.1	水泥、水泥熟料	1. 产品符合《通用硅酸盐水泥》（GB 175）、《硅酸盐水泥熟料》（GB/T 21372）、《磷渣硅酸盐水泥》（JC/T 740）及其他水泥产品等标准； 2. 产品符合《建筑材料放射性核素限量》（GB 6566）
		6.4.2	银、盐、锌、碱、聚乙烯醇、硫化钠、亚硫酸钠、硫氰酸钠、硝酸、铁盐、铬盐、磺酸盐、乙酸、乙二酸、乙酸钠、盐酸、粘合剂、酒精、香兰素、甘油、乙氰、工业磷酸、硫酸	产品符合《银锭》（GB/T 4135）、《锌锭》（GB/T 470）、《锌粉》（GB/T 6890）、《聚乙烯醇水溶短纤维》（GB/T 30101）、《工业硫化钠》（GB/T 10500）、《工业无水亚硫酸钠》（HG/T 2967）、《工业硝酸 浓硝酸》（GB/T 337.1）、《工业用冰乙酸》（GB/T 1628）、《化学试剂 无水乙酸钠》（GB/T 694）、《工业用合成盐酸》（GB/T 320）、《工业酒精》（GB/T 394.1）、《甘油》（GB/T 13206）、《工业磷酸》（GB/T 2091）、《硫酸》（GB/T 534）等标准
	6.5 煤泥	6.5.1	电力、热力	煤泥综合利用符合《煤矸石综合利用管理办法》（2014年修订版）和《煤矸石利用技术导则》（GB/T 29163）对煤矸石的要求
	6.6 废催化剂	6.6.1	金属	产品符合《高纯钴》（GB/T 26018）、《铑粉》（GB/T 1421）等标准且满足下游企业对产品的成分要求
		6.6.2	金属化合物	产品符合《氧化镧》（GB/T 4154）、《氧化铈》（GB/T 4155）、《碳酸铈》（GB/T 16661）、《硝酸铈》（XB/T 219）等标准且满足下游企业对产品的成分要求
	6.7 废磁性材料（不含危险废物）	6.7.1	金属	产品符合《金属镨》（GB/T 19395）、《金属钐》（GB/T 2968）、《金属镝》（GB/T 15071）等标准且满足下游企业对产品的成分要求
		6.7.2	金属合金	产品符合《镨钕合金》（GB/T 20892）、《镝铁合金》（GB/T 26415）等标准且满足下游企业对产品的成分要求

发现纳税人申报信息有误的，应当通知税务机关处理。

四、关于环境保护税征管协作配合问题

各级税务、生态环境主管部门要加快建设和完善涉税信息共享平台，进一步规范涉税信息交换的数据项、交换频率和数据格式，并提高涉税信息交换的及时性、准确性，保障环境保护税征管工作运转顺畅。